蔦屋重《じゅう》三《ざぶ》郎《ろう》と田沼時代の謎

安藤優一郎
Ando Yuichiro

PHP新書

はじめに〜泰平《たいへい》の世に現われた江戸の風雲児《ふううんじ》

世襲《せしゅう》が当たり前であった江戸時代。そんな時代に抗《あらが》うように一代で江戸のメディア王にのし上がった蔦屋重三郎《つたやじゅうざぶろう》は、江戸の社会を文化面で牽引《けんいん》する存在だった。重三郎の出版人としての人生は吉原《よしわら》の貸本屋からはじまるが、その後わずか十年ほどで江戸の出版界を牛《ぎゅう》耳《じ》る書物問屋《しょもつどんや》・地本《じほん》問屋が軒《のき》を並べる日本橋《にほんばし》に進出する。都合二十数年にわたって、江戸の話題を呼ぶ刺激的な作品を世に問い続けた。

重三郎が出版したジャンルを挙げてみよう。吉原のガイドブック「吉原細見《さいけん》」、狂歌《きょうか》を収録した狂歌本（絵本）、草双紙《くさぞうし》の流れを汲《く》む黄表紙《きびょうし》、浮世絵《うきよえ》、人形浄瑠璃《じょうるり》の一つである富《とみ》本節《もとぶし》のテキスト、往来物《おうらいもの》と呼ばれた教科書など、実にバラエティーに富んでいた。

世に出した文化人も多士済々《たしさいさい》である。作家では山東京伝《さんとうきょうでん》など。若きの日の曲亭馬琴《きょくていばきん》や十《じっ》返舎一九《ぺんしゃいっく》も重三郎の店で働いていた。浮世絵師としては喜多川歌麿《きたがわうたまろ》、東洲斎写楽《とうしゅうさいしゃらく》たちを世に出した。若き日の葛飾北斎《かつしかほくさい》にも注目し、その作品を出版している。

そんな異才ぶりは重三郎の才知《さいち》の為《な》せる業《わざ》だったが、当時の時代背景なくして語ることはできない。時代の空気、時流を読み取ることで重三郎は江戸の出版界をリードし、ついには幕府もその影響力を恐れるほどの存在へと成長したからである。

重三郎が活躍した時代は、田沼意次《たぬまおきつぐ》が幕政を主導したことにより田沼時代と呼ばれた。社会の引き締めがはかられた享保《きょうほう》改革と寛政《かんせい》改革の時代に挟《はさ》まれた二十年ほどの期間で、割合自由な雰囲気のなか、経済が著《いちじる》しく発展する。華《はな》やかで享楽的《きょうらくてき》な時代であり、そんな社会の余裕を背景に文化も発展した。その舞台は百万都市の江戸だった。

六百石《こく》ほどの小身旗本《しょうしんはたもと》に過ぎなかった意次は、時の十代将軍・徳川家治《とくがわいえはる》の厚い信任のもと五万七千石の大名に取り立てられる。さらに、幕府トップの老中《ろうじゅう》に抜擢《ばってき》されて権勢《けんせい》をふるい、田沼時代と呼ばれるにふさわしい一時代を築いた。

意次はそれまでの幕政の原則に捉《とら》われず、自由な発想のもと幕政に臨《のぞ》んだ。年貢米《ねんぐまい》に依存する従来の財政構造の限界に直面していた幕府にとり、年貢米以外の財源確保は焦眉《しょうび》の課題だった。そこで登場したのが運上《うんじょう》・冥加金《みょうがきん》である。

幕府は商工業者からの申請《しんせい》を受けて株仲間という同業者組合を公認し、運上・冥加金を徴収《ちょうしゅう》した。株仲間に営業を独占させる代わりに営業税を賦課《ふか》し、これを歳入に組み込んだが、意次は江戸経済の発展を踏まえて商業活動への課税を強化した。外国貿易の拡大や蝦夷《えぞ》地《ち》開発に象徴される新規事業にも積極的だった。

そんな進取の気性に富み、自由な雰囲気のもと経済や社会が発展した田沼時代の波に乗り、新たな企画でチャレンジを続けたのが他ならぬ重三郎なのである。重三郎は、江戸文化を活性化させただけにとどまらず、江戸の社会を活性化させたといった方が真実に近い。

重三郎の活動自体が田沼時代の一翼《いちよく》を担《にな》ったといってもよいくらいだ。それゆえ、田沼時代が終焉《しゅうえん》を迎えると、雌伏《しふく》の時期を余儀《よぎ》なくされる。時の政治を風刺《ふうし》する黄表紙は大ヒットしたものの、幕府の忌諱《きい》に触れて出版できなくなってしまう。

しかし、時流を読むことに長《た》けた重三郎は、路線転換を苦としない柔軟《じゅうなん》さも持ち合わせていた。そこで世に出した作品こそ、歌麿や写楽の作品の数々だった。

重三郎については、鈴木俊幸《すずきとしゆき》著『新版 蔦屋重三郎』、松木寛《まつきひろし》著『蔦屋重三郎』などの先行研究があるが、当時の社会情勢つまりは時代背景を充分に踏まえたものとはいい難《がた》い。重三郎が江戸の文化、社会において果たした役割を適切に理解するためにも、生みの親ともいうべき田沼時代の実像に注目する必要がある。

本書は、田沼時代を追い風に江戸の文化をリードした蔦屋重三郎の生きざまを通して、泰平の世・江戸の活気ある姿を解き明かす。

本書の構成は以下のとおりである。

第一章「蔦屋重三郎とは、何者だったのか？　――いくつもの顔を持った男」では、吉原の貸本屋だった重三郎が日本橋の地本問屋に成長するまでの過程を追う。重三郎のバックボーンであり、飛躍の決め手ともなった吉原は、江戸の一大文化街だった。

第二章「蔦屋重三郎が活躍した田沼時代とは？　――田沼意次の実像と虚像」では、重三郎が活躍する舞台を用意した田沼時代を考察する。賄賂《わいろ》政治家のイメージが今なお強い意次だが、その実像は改革者そのものであった。

第三章「蔦屋重三郎が世に送り出した文化人にはどんな人物がいたのか？　――文化活動で才能を発揮した武士と町人」では、世に出した作家や絵師を通して重三郎の出版人としての眼力《がんりき》に注目する。町人だけでなく武士も江戸文化の担い手だった。

第四章「なぜ田沼時代は終わってしまったのか？　――庶民が天変地異や物価高騰《こうとう》に苦しんだ時代」では、田沼時代の終焉をもたらした社会の激変ぶりを取り上げる。重三郎が出版活動を活発に展開する一方で、我が世の春のはずだった意次には暗雲が立ち込めていた。

第五章「松平定信《まつだいらさだのぶ》はなぜ蔦屋重三郎を処罰したのか？　――寛政改革の実像と虚像」では、寛政改革における言論統制が文化人に与えた深刻な影響に焦点《しょうてん》を当てる。寛政改革といえば田沼時代を否定した政治というイメージが強いが、実は意次の政策を踏襲《とうしゅう》したものが少なくなかった。

第六章「なぜ蔦屋重三郎は東洲斎写楽を売り出したのか？　――新たな挑戦と早過ぎた死」では、重三郎が出版活動で路線転換をはかった意図を探る。幕府から処罰された後、写楽たちを尖兵《せんぺい》とする形で巻き返しをはかるが、重三郎に残された時間はあまりにも少なかった。

経済や社会が発展してその余裕が文化を活性化させたという点で、田沼時代は現代とも重なる部分が多い。そんな田沼時代を象徴する存在ともいえる重三郎を理解することは、現代を生きるわれわれにとっても有意義なことではないだろうか。以下、特に田沼意次の人生やその時代に着目することで蔦屋重三郎の実像に迫っていく。

蔦屋重《じゅう》三《ざぶ》郎《ろう》と田沼時代の謎

目次

第三章
蔦屋重三郎が世に送り出した文化人にはどんな人物がいたのか？
――文化活動で才能を発揮した武士と町人

第六章

なぜ蔦屋重三郎は東洲斎写楽《とうしゅうさいしゃらく》を売り出したのか？

――新たな挑戦と早過ぎた死

第一章

蔦屋重三郎とは、何者だったのか？

——いくつもの顔を持った男

1　生まれ育った吉原《よしわら》という世界

❖重三郎生まれる

江戸開府《かいふ》から約一世紀半が経過した寛延《かんえん》三年（一七五〇）の年明け間もない正月七日に、蔦屋重三郎は江戸の華《はな》・吉原で生まれた。本名は柯理《からまる》、重三郎は通称であった。

時は九代将軍・徳川家重《とくがわいえしげ》の治世にあたり、江戸幕府中興《ちゅうこう》の祖ともいうべき前将軍・吉宗《よしむね》が、大御所《おおごしょ》として幕府に睨《にら》みを利《き》かせていた。そんな吉宗も、翌宝暦《ほうれき》元年（一七五一）には六十八歳の生涯を終える。名実ともに、時代は大きく変わろうとしていた。

重三郎の父・丸山重助《まるやまじゅうすけ》は尾張《おわり》国の出身で、母の広瀬津与《ひろせつよ》は江戸生まれだった。重三郎に兄弟姉妹がいたかどうかはわからない。尾張から江戸に出てきた重助の職業もよくわからないが、吉原で何かの仕事に就《つ》いていたのだろう。

重三郎が七歳の時に両親が離別する。これを受け、喜多川《きたがわ》氏が経営する商家の蔦屋に、重三郎は養子に入ることになった。蔦屋は吉原で茶屋を営《いとな》んでいたというが、ここに「蔦屋重三郎」が誕生する。

幼い頃、両親と生き別れになったことは、重三郎にとって衝撃的な出来事だった。親の愛情に飢えていたのは想像に難《かた》くない。とりわけ、母への思慕《しぼ》は深く、のちに母が死去した際には、その顕彰文《けんしょうぶん》の作成を当代きっての文化人・大田南畝《おおたなんぽ》に依頼し、養家喜多川氏の墓碑《ぼひ》に刻んだほどである。

喜多川氏の菩提寺《ぼだいじ》だった浅草《あさくさ》の正法寺《しょうほうじ》には、重三郎の墓碑が今も建つ。墓碑に刻まれた文章「喜多川柯理墓碣名《ぼけつ》」を作成したのは、国学者で狂歌師《きょうか》の石川雅望《いしかわまさもち》であった。雅望は重三郎と親しく、重三郎が出版した狂歌本に編集者として参画《さんかく》した間柄《あいだがら》だった。雅望の撰文《せんぶん》では、重三郎の人となりが次のように紹介されている。

才知《さいち》が非常に優《すぐ》れている。度量が大きく細かいことにこだわらない。人と接する際には信義をもって臨《のぞ》む。

出版人としての能力については、以下のように絶賛《ぜっさん》する。

その巧みな出版構想、その優れた出版計画は他人の到底及ぶところではない。ついには事業が成功して大商人となる。

重三郎が江戸の出版界で成功した理由を、人間性とビジネス力の両面で的確に表現した証言である。

なお、幼少期に両親とは生き別れとなっていたが、二十七年が経過した天明《てんめい》三年（一七八三）に吉原から日本橋《にほんばし》の通油町《とおりあぶらちょう》（現東京都中央区大伝馬町《おおでんまちょう》）へ転居した際、重三郎はその新居に両親を迎えている。この年は、重三郎が大きく飛躍する転機となった年でもあった。

社会から隔離《かくり》された吉原

重三郎が生まれ育った吉原は、江戸のなかで遊女商売を唯一公認された遊郭《ゆうかく》の町である。重三郎が出版人として飛躍を遂《と》げるバックボーンとなった町だが、その歴史を紐解《ひもと》いてみよう。

江戸開府の頃、江戸の遊女屋は市中に散在していた。しかし、庄司甚右衛門《しょうじじんえもん》たち遊女屋の陳情《ちんじょう》を受ける形で、町奉行所《まちぶぎょうしょ》は一区画にまとめることを決める。

甚右衛門たちにしてみると、江戸市中の遊女屋を一区画にまとめて統制下に置けば、遊女商売を独占できるメリットがあった。

かたや町奉行所からすると、遊女屋の取り締まりが容易となることに加え、不審者の摘発《てきはつ》に役立つメリットもあった。当時は、市中を騒がす不審者が遊女屋に逃げ込むことが少なくなく、遊女屋が散在していたことが取り締まりの枷《かせ》となっていた。遊女屋をまとめて統制下に置くことは治安対策としても有効だった。

元和《げんな》三年（一六一七）三月、甚右衛門は町奉行所に呼び出され、市中の遊女屋を集めて遊郭を建設することが許される。その用地として、日本橋の葺屋町《ふきやちょう》（現東京都中央区日本橋人形町《にんぎょうちょう》・堀留町《ほりどめちょう》）の東側に隣接した、約二町《ちょう》（約二百二十メートル）四方の土地（現中央区人形町周辺）が与えられた。翌四年（一六一八）より甚右衛門たちは同所で営業を開始するが、これが吉原遊郭である。

吉原開設にあたり、吉原以外での遊女商売は禁止された。吉原は遊女商売の独占に成功するが、その代わり、不審者がいた場合は町奉行所に届け出ることが義務付けられる。治安維持への協力を求められたわけだ。

その後、江戸が泰平《たいへい》の世になるにつれ、人々が遊興《ゆうきょう》を楽しむ機会も格段に増える。吉原もたいへん賑《にぎ》わうが、江戸の人口急増を受けて、開設当時は葦《よし》が茂《しげ》る湿地帯だった吉原周辺も宅地造成が進む。人家が建て込みはじめたことで、遊郭の存在が人の目に触れやすくなったため、幕府としては風俗《ふうぞく》の乱れが市中に広がることを懸念《けねん》した。

そこで、吉原遊郭に対して江戸郊外への移転を命じる。明暦《めいれき》二年（一六五六）のことであった。移転先としては、隅田川《すみだがわ》東岸にあたる本所《ほんじょ》と、浅草寺《せんそうじ》裏手の日本堤《にほんづつみ》（現東京都台東区《たいとうく》千束《せんぞく》）の二案が提示された。吉原側は抵抗するが、幕府の命令に逆らうことは許されず、移転命令を呑《の》む。移転先も日本堤と決まった。

ただし、吉原は次の二点の見返りを得る。移転先に予定された用地の規模が、これまでよりも約五割増になったこと。もう一つは、昼間だけでなく夜間の営業も許可されたことである。

日本堤への移転準備が進められるなか、江戸で大事件が起きる。翌明暦三年（一六五七）正月に明暦の大火と呼ばれる大火災に見舞われ、江戸城をはじめ城下町一帯が焼け野原となってしまったのだ。

明暦の大火後、幕府は江戸の防災都市化を強力に推進する。江戸城や城下町を火災から守るため、城下の建物をできるだけ郊外へ移転させた。これは市街地のさらなる拡大の呼び水となるが、吉原移転は明暦の大火以前に決まっていたため、早くも同年八月から移転先での営業が開始される。

移転前の吉原は元吉原《もとよしわら》、移転後の吉原は新吉原《しんよしわら》と呼ばれた。元吉原は江戸町《えどちょう》一・二丁目、京町《きょうまち》一・二丁目、角町《すみちょう》の五カ町で構成されたが、新吉原は用地が五割増となったことで、五町に加えて揚屋町《あげやちょう》や伏見町《ふしみちょう》が新設される。ちなみに、新吉原はそのまま吉原と呼ばれることが通例となったため、本書でも吉原と呼称する。

吉原の規模だが、その東西は京間《きょうま》（一間《けん》＝約一・九七メートル）で百八十間（約三百五十五メートル）、南北は京間で百三十五間（約二百六十六メートル）であり、その面積は二万八千坪《つぼ》余にも達した。周囲には忍び返しを付けた黒板塀《くろいたべい》が廻《めぐ》らされ、その外側には「おはぐろどぶ」と称された堀《ほり》が設けられた。いずれも遊女の逃亡を防ぐための設備だが、郭《くるわ》への出入りが大門《おおもん》一カ所だけに制限されたことも、同じく遊女の逃亡を防ぐためだった。

大門の入り口には、町奉行所の同心《どうしん》や岡《おか》っ引《ぴ》きが常駐する面番所《めんばんしょ》が置かれた。不審者が吉原に紛《まぎ》れ込むのを防ぐためである。面番所の向かい側には、四郎兵衛会所《しろべえかいしょ》と呼ばれた小屋も置かれ、遊女の逃亡を監視するための番人が常駐した。

このように、強制移転させられた吉原は江戸の町から隔離《かくり》されていた。風俗の乱れが広がるのを何とか防ぎたいという、幕府の強い意思が読み取れる。吉原の周囲には田圃《たんぼ》が広がっていたため、その周辺一帯は吉原（浅草）田圃と称された。田圃のなかに、ぽつんと吉原が建つ格好であった。

吉原で一日に千両落ちた理由

遊郭といっても、吉原は遊女屋だけで成り立った町ではない。吉原の遊客相手の飲食業も盛んだった。重三郎が養子に入った茶屋の蔦屋も、そんな飲食業者の一つである。

享保《きょうほう》六年（一七二一）の数字によると、吉原の人口は八千百七十一人。そのうち遊女は二千百五人、遊女の使用人である禿《かむろ》が九百四十一人であり、遊女自体は人口の約四分の一を占めるに過ぎなかった。

遊客が吉原へ向かうルートを辿《たど》ってみよう。

まずは、舟か駕籠《かご》か徒歩で山谷堀《さんやぼり》まで向かう。舟の場合は隅田川を北上し、山谷堀に近い今戸橋《いまどばし》の辺りで降りることになる。山谷堀からは日本堤大通りと呼ばれた土手《どて》を経由し、駕籠あるいは徒歩で吉原へ向かった。土手には、遊客相手に飲食物を提供する葭簀張《よしずばり》の水茶屋が立ち並んでいた。

「見返り柳《やなぎ》」と名付けられた柳の木までやって来ると、左に曲がって「五十間道《ごじっけんみち》」という下り坂（衣紋坂《えもんざか》ともいう）を進む。やがて吉原の入り口である大門がその姿を現わすが、大門に入るまでの五十間道にも茶屋が立ち並んでいた。

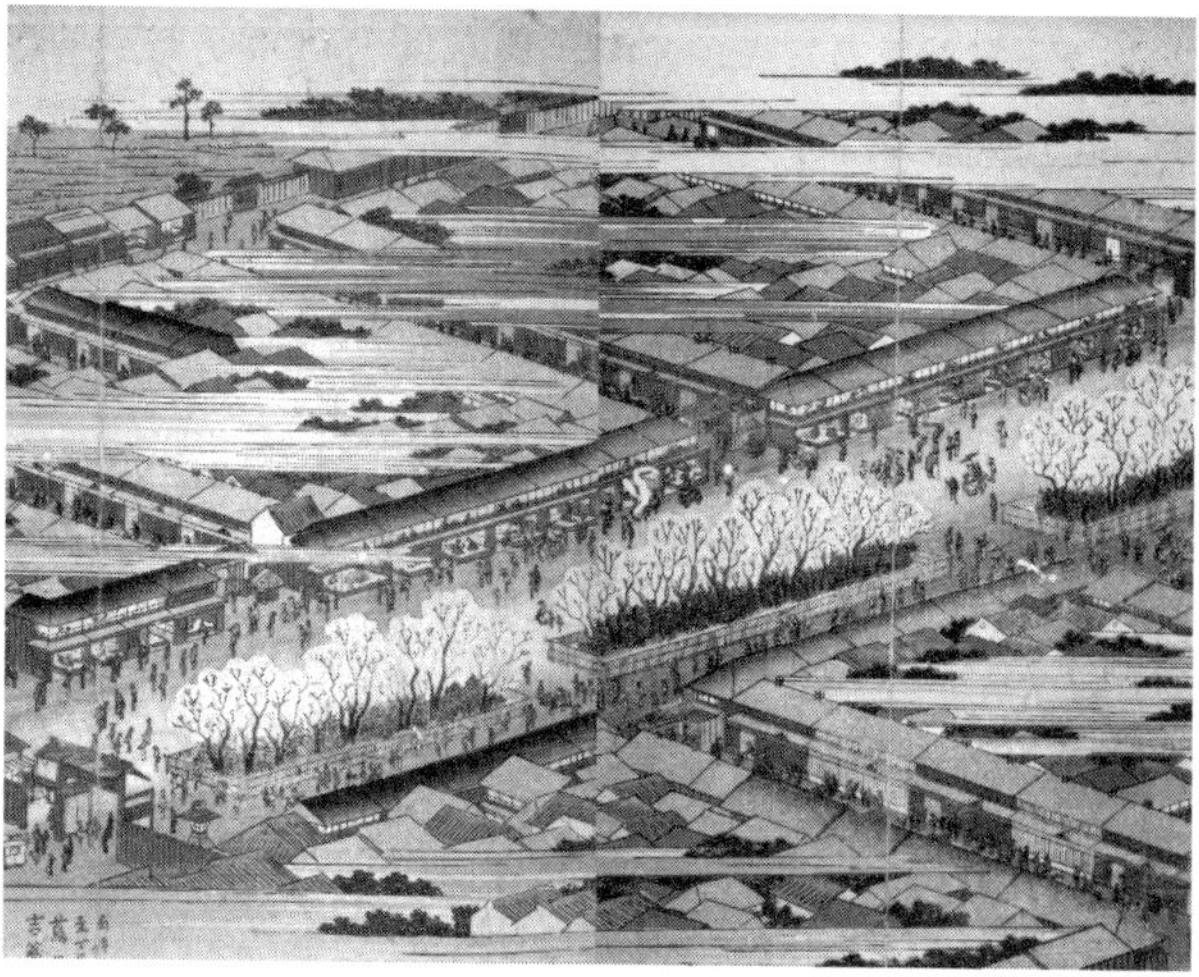

『東都名所図』に描かれた「新吉原」（国立国会図書館蔵）

吉原の周辺だけでなく、郭内にも蕎麦《そば》屋や鰻《うなぎ》屋など、飲食を楽しめる店舗が数多くあった。そもそも、吉原にやって来た客といっても遊女屋にあがる者だけではない。男女を問わず、全国からの観光客が大勢訪れる人気の観光名所となっており、吉原及び周辺の飲食店は、そんな観光客相手にも飲食物を提供していた。

遊女屋にあがる際には二つの方法があった。一つは、張見世《はりみせ》というスタイルで、店頭に出ている遊女たちを見定めた上で、意中の遊女を指名する方法である。遊女屋との交渉が成立すれば件《くだん》の遊女と床《とこ》をともにする運びとなる。これは料金の安い遊女に限られた。

花魁《おいらん》と呼ばれるような格の高い高級遊女は、そうはいかない。揚屋《あげや》を通す必要があった。

揚屋とは、遊客と遊女屋を仲介する店である。遊客が揚屋にあがって花魁を指名すると、指名があった旨《むね》の書状が遊女屋に送られる。遊客は芸者や幇間《ほうかん》を呼んで宴席《えんせき》を設《もう》け、花魁の到着を待つ。指名した花魁が揚屋に向かうことを道中《どうちゅう》と称したが、これが吉原の名物にもなっていた花魁道中だ。

こうした手順を踏むのが仕来《しきた》りであったため、揚屋を介して吉原で遊ぶとなると莫大《ばくだい》な費用が掛かった。揚げ代（遊女屋へ支払う料金）のほか、宴席での飲食代、芸者や幇間への祝《しゅう》儀《ぎ》も負担しなければならず、揚げ代を数倍上回る費用が必要だった。

この方法は限られた者しか利用できなかったため、揚屋を介した遊興は衰退する。それに伴い、もともとは遊客を揚屋に案内した引手茶屋《ひきてぢゃや》が、揚屋に代わって仲介役の立場となる。引手茶屋を通して花魁を指名する場合も、茶屋で宴席を設けることは必須《ひっす》である。飲食代や芸者などへの祝儀、茶屋への手数料を含めれば相当の費用を要するも、揚屋ほど格式張っていなかった。要するに安く遊べたため、吉原での遊興は引手茶屋を介したものへ移行していったのである。

重三郎が養子に入った蔦屋は、吉原にやって来た遊客に飲食を提供するだけの茶屋ではなく、遊女屋への手引きを行う引手茶屋だったのだろう。

となれば、重三郎が遊女屋に顔が利くのは何の不思議もない。それがビジネスにもプラスとなったことは、これから述べるとおりである。

江戸には「日千両」といって、一日に千両もの大金が落ちた場所が、三つあったといわれる。朝に日本橋の魚河岸《うおがし》、昼に日本橋など（後に浅草）の芝居町、夜に吉原遊郭で千両ずつ落ちたという喩《たと》えだが、吉原の場合、遊女屋だけで千両落ちたのではない。茶屋などの飲食店で落ちた分を含めた金額だった。

蔦屋もそんな吉原の賑わいの一翼《いちよく》を担《にな》ったが、重三郎は長《ちょう》ずるに及び、出版という新規事業に挑戦していく。

2　重三郎が新規参入した江戸の出版界

❖書物問屋《しょもつどんや》と地本《じほん》問屋

江戸の出版界の歩みを紐解くと、経済や文化面で江戸（関東）が上方《かみがた》（関西）に後《おく》れを取っていたことを背景に、江戸中期までは、上方の出版業が江戸の出版業を完全にリードしていた。一言でいうと、「西高東低」である。

江戸の人々は、京都や大坂など上方圏で製造された品を、何であれ「下りもの」と称して重んじた。吉原の遊興に欠かせない酒などはそのシンボルで、摂津《せっつ》国の灘《なだ》などで醸造《じょうぞう》された酒は下り酒の代表格として、たいへんな人気を呼ぶ。上方の産業技術力が関東をはるかに上回ったからだ。酒に限らず、江戸では嗜好品《しこうひん》の大半を上方産の下りものに依存していた。

出版物も西高東低の構図を受けて、上方依存の傾向が強かった。江戸の書物問屋《しょもつどんや》のほとんどが、上方資本が設立した店舗、もしくは上方の本屋の出店だったことはその象徴である。

書物問屋は、上方で出版された本（下り本という）を売り捌《さば》く傍《かたわ》ら、専門書や学術書を出版する版元としての顔も持った。内容が堅めの出版物を扱う書物問屋は書物屋とも呼ばれた。その代表格といえば須原屋茂兵衛《すはらやもへえ》であり、紀伊《きい》国出身の須原屋は、ロングセラーだった武鑑《ぶかん》（大名や旗本《はたもと》の名鑑）などの版権を獲得することで、江戸最大の書物問屋に成長する。

そして、江戸が百万都市となった江戸中期に入ると、巨大人口を背景とした需要の拡大が追い風となって、江戸の出版業は急成長を遂げる。ついには、上方での出版点数を凌駕《りょうが》するまでになった。

重三郎が江戸の出版界に華々しく登場する前、将軍の御膝元《おひざもと》江戸では、泰平の世を謳歌《おうか》する江戸っ子たちの文化的欲求を満たそうと、出版界が活況を呈したのである。

この急成長を牽引《けんいん》したのは、大衆向けの草双紙《くさぞうし》（絵入りの娯楽読み物）、浄瑠璃本《じょうるりぼん》、絵本、

『江戸名所図会』に描かれた鶴屋の店先図（国立国会図書館蔵）

錦絵《にしきえ》（浮世絵《うきよえ》）などの一枚摺《ず》りの出版物の急増である。これらは江戸生まれの出版物、すなわち地物《じもの》という意味で、「地本《じほん》」と呼ばれた。地本を取り扱った地本問屋（地本屋）も、書物問屋と同じく版元としての顔を持っていた。

書物問屋と比べると大衆的な出版物を扱う地本問屋としては、鶴屋喜右衛門《つるやきえもん》が代表格である。元を正せば京都の書物問屋鶴屋の出店だった。後に独立し、江戸有数の地本問屋としての顔を併《あわ》せ持つようになる。江戸のガイドブックである『江戸《えど》名所図会《めいしょずえ》』には、鶴屋の店先が錦絵の販売所として描かれている。

❖出版統制のはじまり

江戸の出版界が活況を呈《てい》しはじめる一方で、幕府は、出版物が社会に及ぼす影響への懸念を次第に隠そうとしなくなる。そして、出版の統制に着手した。言論統制の開始である。

四代将軍・家綱《いえつな》の治世にあたる寛文《かんぶん》年間（一六六一～七三年）に、町奉行が板木屋《はんぎや》の甚四郎に対して、何であれ疑わしい内容の書物の出版を依頼された場合は、町奉行所に報告して指図《さしず》を受けるよう申し渡している。幕府が見過ごせない内容の本が、市中に出回っていたことが窺《うかが》える。

当時は板木を使った木板印刷で、板木を彫《ほ》ることを生業《なりわい》とする板木屋が出版には欠かせない存在だった。この時、町奉行は板木屋仲間の結成も申し渡した。板木屋を通して出版の統制をはかろうという狙《ねら》いが読み取れる。仲間の結成を求められた甚四郎は、江戸の板木屋を束《たば》ねる棟梁《とうりょう》だったと推定されている。

しかし、この申し渡しが守られていないと町奉行はみた。そのため、幕府のことはもちろん、誰かが迷惑するような内容の本の出版などを依頼された場合は町奉行所に申し立て、その指図を受けるよう、板木屋仲間に加えて江戸の町にも触れた。寛文十三年（一六七三）のことである。

寛文期の出版取締令を皮切りに同様の法令が繰り返し出されたが、特に幕府が厳しい目を向けたのは、時事ネタを取り上げる出版物だった。瓦版《かわらばん》などはその象徴だ。次の五代将軍・綱吉《つなよし》の時代には悪名高い「生類憐《しょうるいあわれ》みの令」が出され、まさに時事ネタとして取り上げるのに格好の材料となる。

時事問題が取り上げられると、為政者《いせいしゃ》への論評に発展することは避《さ》けられなかった。つまりは政治批判につながる可能性が高い。その方が売れ筋になるからである。批判の矛先《ほこさき》は最終的には徳川家や将軍に向かう恐れがあった。

それを放置しては将軍の権威も失墜《しっつい》するため、幕府は出版メディアへの統制をさらに強化する。将軍の権威を損《そこ》なうネガティブな情報は徹底的に排除し、将軍の話題がタブー視される社会環境を整えることに躍起《やっき》となった。

この時代、将軍はいうに及ばず、徳川家に関して出版物で取り上げることは、自分の身を危険に晒《さら》すことを意味した。幕末に江戸の木綿《もめん》問屋の家に生まれ、近代日本の紡績《ぼうせき》業界に大きな足跡を残した鹿島萬兵衛《かじままんべえ》は、徳川家に関する出版事情について、次のように回顧《かいこ》している。

> 旧幕時代の書物には、政治上のことは勿論《もちろん》、徳川家に係ることは些細《ささい》のことでも記載せず、うつかりやると軽くて江戸構《えどがま》へ、少し重く取らるる時は遠島《おんとう》などといふ目に逢《あ》ふを恐れて、『江戸名所図会』その他の書物に記載《のせ》てあるべきと思ふものもさらに記さず。
>
> （鹿島萬兵衛『江戸の夕栄』）

政治上の事柄はもちろん、徳川家に関する事柄は些細なことであっても出版物には取り上げなかった。うっかり取り上げると、作者や版元は町奉行所から呼び出され、軽くて江戸からの追放処分。奉行所が少しでも重大案件とみなすと、遠島に処せられる可能性があった。よって、『江戸名所図会』をはじめ、徳川家に関する事柄を載せていても不思議ではない書物にも、それらは一切掲載されなかったという。

『江戸名所図会』とは、江戸および近郊の観光名所などを、挿絵《さしえ》と簡単な文章で紹介したガイドブックであった。江戸には徳川家ゆかりの観光名所が多く、それを売りにして、なかでも寺社は集客合戦に鎬《しのぎ》を削《けず》った。そのため、こうした由緒《ゆいしょ》は『江戸名所図会』で触れられても何の不思議もなかったが、幕府からの処罰を恐れて、その記述がなかったのである。

つまり、版元側が自主規制していたことがわかる。江戸の出版メディアが幕府の厳しい監視下に置かれていたことを示す、象徴的な事例であった。

幕府による出版統制の画期《かっき》となったのは、大岡忠相《おおおかただすけ》が町奉行を務めた享保改革の時代である。享保七年（一七二二）十一月に出された出版取締令では、次の五項目の厳守が掲げられた。

①新刊の書物では通説はともかく、異説などを加えてはいけない

②既刊の好色本《こうしょくぼん》は、風俗に宜《よろ》しくないのでおいおい絶版とする

③他人の家系などに異説を唱え、新刊の書物として刊行してはいけない。子孫より訴えがあれば厳重に吟味《ぎんみ》する
④どんな書物でも、以後は作者と版元の実名を奥書《おくがき》に記すこと
⑤権現様《ごんげんさま》（家康公《いえやすこう》）はもちろん、徳川家に関する書物を以後出版してはいけない。拠《よんどころ》無《な》い理由があれば、奉行所に届け出て指図を受けること

以後は、この出版取締令に基づいて新刊本の出版可否が判断されたが、幕府が直接判断したのではない。前年の享保六年八月に同業者組合として公認した江戸の書物問屋仲間に、その業務を委託《いたく》して、先の五項目に違反していないかがチェックされた。江戸の出版界を牛耳《ぎゅうじ》る書物問屋をして、幕府の忌諱《きい》に触れる内容を出版・流通させないよう目論《もくろ》んだのである（今田洋三『江戸の本屋さん』）。

こうして、徳川家を取り上げた書物などは禁書扱いとされた。出版できない内容は写本という形で一般に流布《るふ》したが、タブー視されたがゆえに、幕政や徳川家への関心がいやが上にも高まるという皮肉な結果に終わる。

しかし、享保改革の段階では、地本問屋に対して問屋仲間の結成を命じることはなかった。そのため、地本問屋が扱う出版物はいわば野放し状態となり、大衆向けの地本の出版は

一層盛んとなる。そうしたなか、江戸の出版界に登場したのが重三郎なのである。

江戸の読書を支えた貸本屋

家業は飲食業（茶屋）でありながら、異業種の出版事業に参入していく重三郎だったが、いきなり版元として活動を開始したわけではない。そのはじまりは書店、そして貸本屋であった（鈴木俊幸『新版 蔦屋重三郎』）。

当時、本の購買層は経済力がある者に限られ、貸本屋から本を借りて読むのが一般的なスタイルだった。

時代にもよるが、幕末の江戸の場合、本のレンタル料は一冊につき六〜三十文であった。かけ蕎麦一杯が十六文なので、レンタルならばさほどの出費ではないが、本を購入するとなると、それをはるかに超える金額が必要であった。よって、貸本屋の需要は相当なもので、貸本屋が江戸の人々の読書を支えたといっても過言ではない（長友千代治『近世貸本屋の研究』）。

貸本屋は、行商人のように各所へ出入りして本のレンタルに応じたが、出入り先は江戸の町屋だけではない。江戸藩邸《はんてい》つまり大名屋敷も出入り先である。

江戸の大名屋敷には、参勤交代《さんきんこうたい》で藩主が江戸在府中の時だけ、単身赴任で出てきた家臣（藩士）が大勢住んでいた。彼らは勤番者《きんばんもの》と称され、屋敷内の長屋で共同生活を送ったが、屋敷の外に出ることは厳しく制限された。

勤番者はいわば「お上《のぼ》りさん」で、江戸の事情には疎《うと》かった。そのため、江戸市中でトラブルを起こすことが少なくなかったのである。

藩邸内での生活を強《し》いられた勤番者にとり、その楽しみは囲碁《いご》・将棋《しょうぎ》、そして貸本を読みふけることに限られた。伊予松山《いよまつやま》藩主・久松松平《ひさまつまつだいら》家の家臣で、明治に入って教育官吏《かんり》となった内藤鳴雪《ないとうめいせつ》は、晩年の回顧録《かいころく》で次のように証言する。

> 勤番者は大概《たいがい》一つ小屋に一緒に居た。今の寄宿舎といった風になっていた。勤めも忙しくはないので皆無聊《ぶりょう》でいたが、さればとて酒を飲んで騒ぐことも出来ぬので、碁、将棋、または貸本を読んで暮した。貸本屋は高い荷を脊負って歩いたもので、屋敷でもその出入を許した。古戦記の外《ほか》小説では八犬伝《はっけんでん》、水滸伝《すいこでん》、それから御家騒動は版にすることは禁ぜられていたので写し本で貸した。種々な人情本や三馬《さんば》らの洒落本《しゃれぼん》もあり、春《しゅん》画《が》も持って来るので、彼らはいずれも貸本屋を歓迎した。私も子供の時に親類の勤番者の所へ行って、春画を見せられたことを覚えている。
>
> （内藤鳴雪『鳴雪自叙伝』）

鳴雪によれば、屋敷内に出入りした貸本屋が持って来る本は、軍記《ぐんき》もの、曲亭馬琴《きょくていばきん》の

『南総里見《なんそうさとみ》八犬伝』や『水滸伝』といった小説、出版取締令で禁書に指定された御家騒動もの（写本）。人情本（江戸の恋愛小説）、式亭《しきてい》三馬たちの洒落本（遊郭を舞台にした小説）などであった。特に春画（性風俗画）は、勤番者には人気のアイテムだったようだ。

春画などは、武士の体面もあって外では立ち読みできない。貸本屋は、彼らの心理を充分に心得ていたことがわかる。

武士にせよ町人にせよ、貸本屋は得意先に足しげく通うことで、おのずから読者の好みを知ることができた。それは出版に際してのマーケティングに直結し、企画にも活《い》かせたはずだ。人脈の構築にもつながり、販路の確保にも役立っただろう。

こののち、重三郎が話題作やヒット作を次々と出版していった背景を考える上で、貸本屋という助走期間は外《はず》せない。貸本屋として実績を積むことで、出版の企画力や営業力（販路）が培《つちか》われたからである。

3 出版界にデビューする

❖書店耕書堂《こうしょどう》の開店

重三郎が書店を開業したのは、安永元年《あんえい》（一七七二）のこととされる。二十三歳の時であり、十代将軍・家治《いえはる》の時代に入っていた。いわゆる田沼時代である。

重三郎の義兄・蔦屋次郎兵衛《じろべえ》は茶屋を営んでいたが、その援助のもと、吉原大門口の五十間道、つまり郭内ではなく吉原の入り口に書店耕書堂《こうしょどう》を開店した。大門口からみて右側の四軒目にあたる。

「書物を耕す」という屋号には、出版界に刺激を与えて新機軸の書物を刊行したい、さらには出版界そのものを変えたいという、重三郎の熱き志《こころざし》が込められていたのかもしれない。

翌安永二年（一七七三）より、「吉原細見《よしわらさいけん》」の販売を開始する。吉原入り口への出店という立地を踏まえた品揃《しなぞろ》えであった。版元としての活動を開始するのはその翌年のことで、開店当時は小売り業のみだった。

重三郎が販売した「吉原細見」は、吉原で遊びたい者ならば必ず目を通した情報誌である。吉原の各町ごとに、遊女屋、遊女の源氏名《げんじな》・位付け・揚げ代、芸者や茶屋の名前、さらには紋日《もんび》（吉原オリジナルのイベント日）、名物なども詳細に紹介されていて、春と秋の年二回刊行されるのが習《なら》いだった。遊客が知りたい情報が盛りだくさんのガイドブックとして広く読み継がれ、江戸の隠れたベストセラーとなっていた。

ここで、吉原の遊女について解説しておこう。遊女には等級が設けられ、それに応じた名称が付けられたが、時代とともに次のような変遷《へんせん》がみられる。

当初は太夫《たゆう》、端女郎《はしじよろう》の二階級制だったが、吉原移転後の寛文年間までには格子《こうし》女郎、局《つぼね》女郎、切見世《きりみせ》女郎、散茶《さんちゃ》女郎が加わって六階級制となる。その後、明和《めいわ》年間（一七六四～七二年）には、呼出《よびだし》、昼三《ちゅうさん》、付廻《つけまわ》し、座敷持《ざしきもち》、部屋持《へやもち》、切見世女郎の六階級制に変わった。呼出、昼三、付廻し（座敷持まで含める場合もある）は高級遊女を指す花魁、それ以外の遊女は新造《しんぞう》と呼ばれた（加藤貴『江戸を知る事典』）。

揚げ代は、呼出の遊女が一番高くて金一両一分。階級が下がるにつれて安くなり、座敷持の遊女は金二分だった。これは昼と夜の通しの価格で、夜だけの場合は半額となる。

吉原の遊女は昼と夜の二度、客を取る仕来りだった。これを「昼見世」「夜見世」と称したが、一日のタイムテーブルは以下のとおりである。

毎朝、午前十時頃に起床した。その後は朝風呂、朝食、化粧を済ませ、髪を結《ゆ》いながら昼見世の客を待つ準備をする。正午から昼見世として店頭に出るが、午後四時頃に終了。日没の午後六時頃までは遅い昼食を取りながら、夜見世の客を待つ準備をした。

午後六時頃から夜見世のため店頭に出るが、その時間は長く、午前零時～二時頃に終了となる。遊女のもとに泊まる客もいたが、夜明け前には店を後にするのが通例だ。朝帰りの客を見送ったあと、遊女は再び就寝し、午前十時頃に起床する流れであった。

そんな吉原のガイドブックの販売を開始した重三郎は、翌安永三年（一七七四）になると鱗形屋孫兵衛《うろこがたやまごべえ》版「吉原細見」の改め役を委託される。最新の情報を「吉原細見」に盛り込む役割を任されたわけだ。吉原で茶屋を経営していて遊郭の事情にも詳しいことが、決め手になったのだろう。

なお、書店経営と貸本業の関係だが、当時は購買層がかなり限られたため、本を売るだけでは書店経営は苦しく、並行して貸本業を展開することで経営を成り立たせた。こうした業態は重三郎に限らず、書店経営一般にあてはまる。

貸本業でみると、重三郎の場合は吉原が主たる商圏だった。吉原は地元とはいえ、貸本屋として遊郭や茶屋などに足しげく出入りすることで、各店の事情により詳しくなり、さらなる事情通として、吉原にコネクションを張り巡《めぐ》らせる。重三郎は貸本業を通じて得た情報やコネクションを、出版業で最大限に活用していくのである。

❖「吉原細見」の出版を開始する

重三郎が最初に出版した書物は、安永三年七月刊行の遊女評判記『一目千本《ひとめせんぼん》』だった。吉原の遊女を、当時流行した挿《さ》し花に見立てて紹介する絵本形式の書物だが、店頭に並べて購入を期待するものではなかった。遊客への贈答用として、遊女屋、引手茶屋、高級遊女からの注文を受けて製作したと推定されている。

この方式には、売れ残るリスクを回避できるというメリットがあった。翌安永四年（一七七五）三月に刊行した『急戯花之名寄《にわかはなのなよせ》』も、同じく贈答用として製作を請《う》け負ったものである。

そして、同年七月に「吉原細見」の出版に参入する。重三郎は鱗形屋版「吉原細見」の販売元だったが、次のような裏事情が背景にあった。

「吉原細見」の出版は貞享《じょうきょう》年間（一六八四〜八八年）まで遡《さかのぼ》れるという。享保中期（一七二〇年代）以後、「吉原細見」の出版が盛んになり、参入する版元も増えたが、やがて鱗形屋版がマーケットをほぼ独占する。そんな状況を踏まえ、重三郎も鱗形屋版「吉原細見」の販売元となる。鱗形屋は、草双紙など大衆向けの本の出版で知られた江戸の代表的な地本問屋である。

ところが、鱗形屋の手代《てだい》・徳兵衛《とくべえ》が大坂の版元の柏原与左衛門《かしわらよざえもん》・村上伊兵衛《むらかみいへえ》刊の『大全早引節用集《たいぜんはやびきせつようしゅう》』を『新増節用集』と改題して出版したことで、鱗形屋は訴えられてしまう。安永四年五月のことだが、吟味の結果、徳兵衛は家財欠所《かざいけつしょ》の上、江戸十里四方追放となる。主人の孫兵衛も、監督責任を問われ、罰金二十貫文《かんもん》を科された。

当時、版元たちは同じものを出版することを重板《じゅうはん》、類似したものを出版することを類板《るいはん》

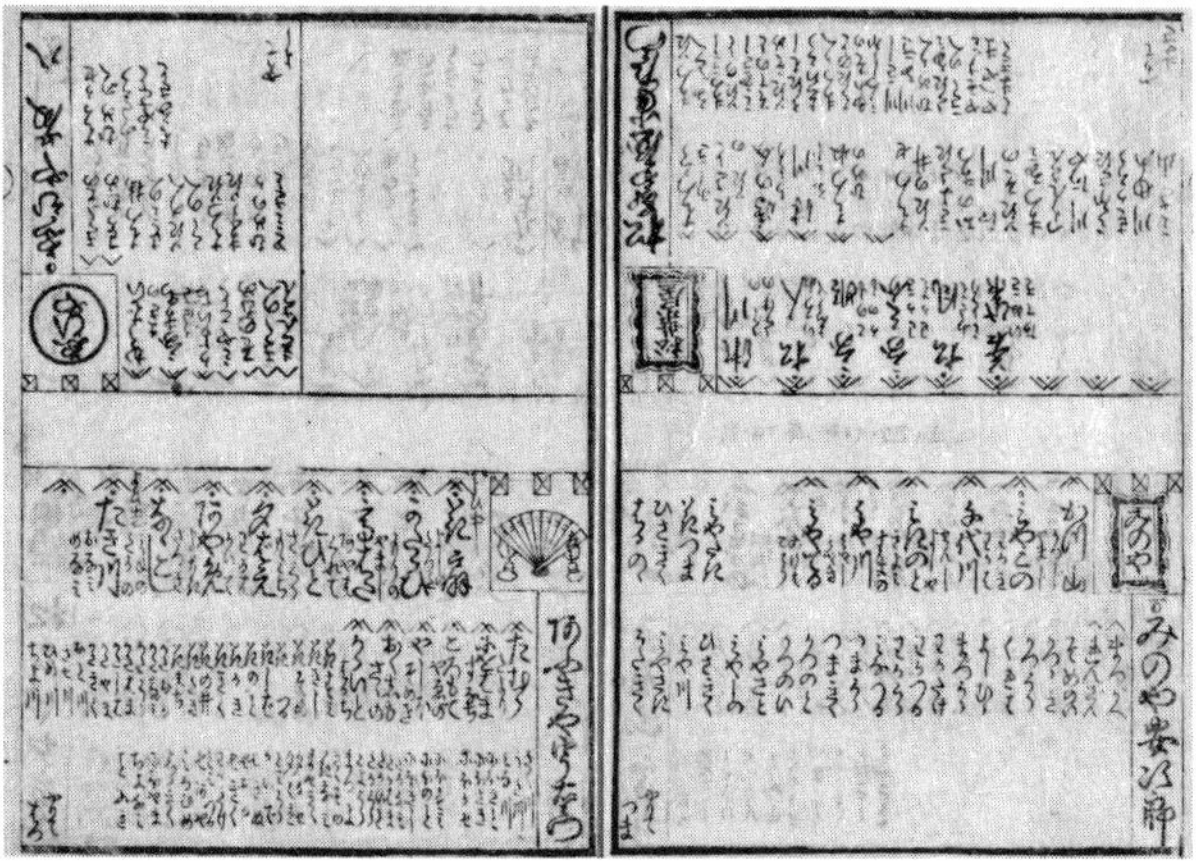

天明３年（1783）に蔦屋重三郎が刊行した「吉原細見」（国立国会図書館蔵）

と名付け、重板・類板の禁止を申し合わせていた。版権を互いに認め合ったのだ。しかし、そっくり同じ本を出版したり、一部だけ変えて出版する事例は絶えなかった。重板・類板か否《いな》かをチェックすることも先の書物問屋仲間の役目とされていたが、今回の事案については幕府からも重板と認定される。

鱗形屋は手代が起こした重板事件で処罰されたことで、大きなダメージを受ける。出版物の売り上げが減り、経営は不安定となった。この年の秋刊行予定の「吉原細見」も刊行できなくなる。重三郎はその間隙《かんげき》を突《つ》く形で、「吉原細見」の出版に乗り出す。機を見るに敏《びん》な重三郎の本領が発揮された最初の事例だった。蔦屋重三郎版の「吉原細見」は人気を呼び、蔦屋の主力商品となる。

その人気の理由は主に二つあった。一つは他の「吉原細見」に比べて、わかりやすく見やすい内容だったことである。吉原の内部を各町ごとに上下に分けた上で、遊女屋の並びを記したスタイルに変更した。レイアウトを変更することで、わかりやすいものとしたのである。

もう一つは丁数《ちょうすう》（紙の枚数）を約半分に減らす一方で、従来の小型本（縦十五・七センチ×横十一センチ）から中型本（縦十九センチ×横十三センチ）にサイズを大きくしたことである。これもまたわかりやすさに直結した。丁数が減った分、紙代などの経費を安く抑えられ、鱗形屋版に比べて安価で販売できた。

さらには、鱗形屋版「吉原細見」の改め役を務めたように、重三郎が遊郭の情報に詳しかったため、おのずから蔦屋重三郎版「吉原細見」への信用度は高かったことも人気を呼んだ理由だろう。

翌安永五年（一七七六）からは鱗形屋版「吉原細見」の刊行も再開されたものの、使い勝手が良くわかりやすい内容である上に、安価だったことが決め手となり、蔦屋重三郎版のシェアは拡大する。それから七年後の天明三年には、「吉原細見」は蔦屋重三郎版の独占状態となり、鱗形屋版はマーケットから駆逐《くちく》された。巧《たく》みな工夫に加え、吉原通という重三郎ならではの強みを活かした結果でもあった。

結局のところ、鱗形屋は重板事件後の経営不振を挽回《ばんかい》できないまま衰退し、江戸の出版界から姿を消すのであった（松木寛『蔦屋重三郎』）。

❖富本節《とみもとぶし》のテキストや往来物《おうらいもの》の出版で経営基盤を固める

重三郎の出版活動は、生まれ育った吉原に関連する本からはじまった。遊女屋の注文を受けて製作した遊女評判記『一目千本』、年二回の定期刊行物であるため安定した売り上げが見込めた「吉原細見」に象徴されるように、出版リスクが少なかったことで経営の安定につながった。重三郎の立場からすると異業種への参入であり、最初はハイリスク・ハイリターンな出版物は自重《じちょう》し、まずは着実に利益を上げたいという思惑《おもわく》が見えてくる。

吉原関連の出版物としては、夏の玉菊燈籠《たまぎくどうろう》（引手茶屋の軒先《のきさき》に燈籠を飾る）、秋の俄《にわか》（仮装した芸者や幇間が寸劇や舞踊を繰り広げる）といった吉原オリジナルのイベントに関するガイドブックも挙げられる。イベントを盛り上げて遊客を増やしたい吉原からの求めに応じた、製作費ありきの出版であった。「吉原細見」と同じく吉原のPRにつながる出版物であり、重三郎は吉原からの依頼を受けた広告代理店のような役割も果たしていた。

このように、出版界にデビューした安永年間（一七七二～八一年）に重三郎が刊行した本は、総じてリスクの少ないものであり、吉原関連本は経営の柱の一つとなる。

その後、吉原関連本以外でも、安定的な売り上げが見込める二つのジャンルに手を伸ばす。富本節《とみもとぶし》の正本《しょうほん》（音曲《おんぎょく》の詞章《ししょう》を記した本）・稽古本《けいこぼん》（稽古用として節付《ふしづ》けがされている本）と、往来物《おうらいもの》の出版の二つだ。現代風にいうと、音楽のテキストや初等教育用教科書の出版に乗り出した。

三味線伴奏《しゃみせんばんそう》による語り物である浄瑠璃には様々な流派があった。富本節は寛延元年（一七四八）に初代富本豊前掾《とみもとぶぜんのじょう》が創始した流派である。その後、安永六年（一七七七）に豊前掾の実子が二代目富本豊前太夫《ぶぜんだゆう》を襲名《しゅうめい》し、その美声で人気太夫となった。これにより、富本節の人気は大いに高まる。

となれば、富本節を習得《しゅうとく》したい者が増えて、富本節の作品に関する正本や稽古本の需要が高まることが想定できた。世間の流行に敏感な重三郎はこれを見逃《みのが》さなかった。同年にその正本・稽古本を出版できる株を取得し、経営の柱を増やす。

往来物とは、寺子屋《てらこや》に代表される庶民教育で使用された教科書のことである。「いろは」の仮名《かな》からはじまり、漢字・熟語・地名を経て、農業や商業に必要な短文・短句の習得へと進むのが、往来物を使った学習の定番だった。『商売往来《しょうばいおうらい》』は商業活動に必要な語彙《ごい》や貨幣《かへい》単位、商品名などを収録した往来物である。

往来物はかなりの需要があり、総じて価格が安く設定されていた。薄利多売《はくりたばい》の出版物だっ

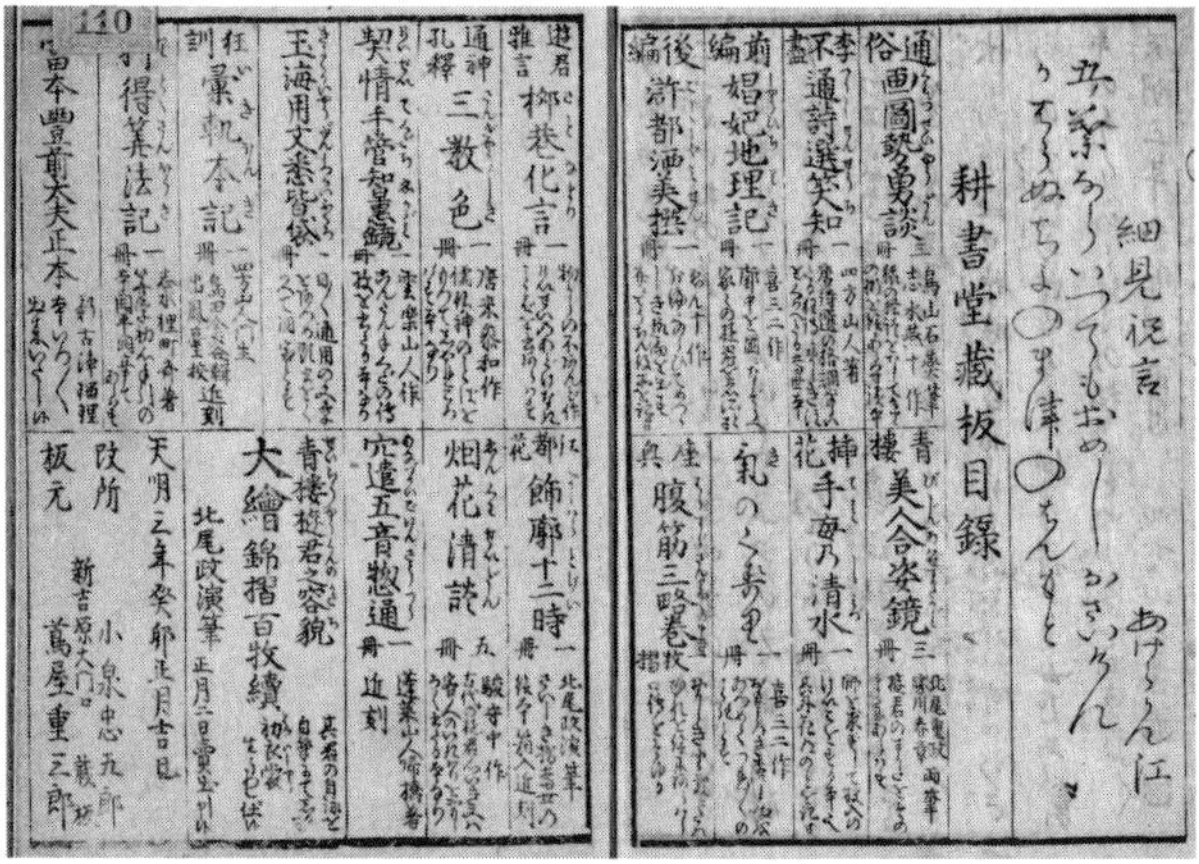

「吉原細見」の巻末にある「耕書堂蔵板目録」（国立国会図書館蔵）

たが、内容を変更することなく長期にわたって摺りを重ねられるというメリットがあったため、安定した売り上げが見込める売れ筋とされる。

よって、安永九年（一七八〇）より重三郎は、毎年のように往来物を出版している。富本節の正本・稽古本とともに経営の三つ目の柱とした。

両ジャンルへの参入からは、浮き沈みの激しい江戸の出版界の動向を、しっかりとリサーチしている重三郎の堅実な経営手腕が確認できる。

4　日本橋への進出と問屋株の取得

❖お江戸日本橋の繁栄

吉原を拠点として出版界にデビューした重三郎は、リスクの少ないジャンルの出版により着々と経営基盤を固めた。そして天明三年九月に、日本橋の通油町にあった地本問屋・丸屋《まるや》小兵衛《こへえ》の店舗とその蔵を買い取り、新たな拠点とした。

日本橋への移転は、単に拠点を移すことにとどまらなかった。丸屋が持っていた地本問屋の株を掌中《しょうちゅう》に収めたことも意味した。

奇《く》しくもこの年は、「吉原細見」のマーケットが蔦屋重三郎版の独占状態となった年である。「吉原細見」を販売していた五十間道の店は手代の徳三郎に任せ、重三郎は通油町で耕書堂を新規開店した。ここに蔦屋重三郎は、一介の書店・版元から江戸の出版界を牛耳る地本問屋へとジャンプアップを遂げる。

では、重三郎が拠点を移した日本橋とはどういう土地だったのか。

家康が江戸城を居城《きょじょう》に定めた頃、この辺りは低湿地帯で、江戸城のすぐ近くにまで江戸湾が迫っていた。家康が江戸城を拡張して城下町を造成する過程で、排水と埋立《うめたて》工事が大規模に実施される。水運に資《し》するための水路を開鑿《かいさく》し、掘り出された土を埋め立てて日本橋などの市街地が造成されたのである。

家康は、江戸城周辺に徳川家臣団を集住させて城の守りを固める一方で、日本橋地域には、徳川家（江戸城）とその家臣団に物資を供給する商人たちを集めた。江戸湾まで送られてきた物資を陸揚《りくあ》げして江戸城に運び込むには、日本橋は絶好の立地環境にあった。

ここに、商人の町としての日本橋の歴史がはじまる。

家康が天下を取って江戸開府となると、服属した諸大名が江戸城周辺に屋敷を下賜《かし》される。諸大名は幕府への人質《ひとじち》として妻子を江戸屋敷に置いた。三代将軍・家光《いえみつ》の時代に参勤交代が制度化されると、日本橋に住む商人の役割はさらに大きくなった。

参勤交代により、諸大名は国元と江戸で交互に一年ずつの生活を義務付けられた。そして、江戸在府中の大名と大勢の家臣が消費する、膨大《ぼうだい》な生活物資の調達先として白羽《しらは》の矢《や》が立ったのが日本橋の商人だった。彼らは江戸城や諸大名の江戸屋敷に物資を納入することで莫大な富を蓄積し、日本橋は江戸の経済を動かす豪商が集住する町となった。

一口に江戸の町といっても、地域間の格差はたいへん大きかった。江戸の町を管轄下《かんかつか》に置く南北町奉行所では、経済力に応じて上・中・下の三ランクに分けている。

上のランクは日本橋など豪商が住む町。中のランクは東海道《とうかいどう》など主要街道沿いの町。下のランクは場末《ばすえ》と呼ばれた町である。上の地域ほど地価が高く、下の地域ほど低かった。上のランクの町は地価の高さゆえに、「土一升《つちいっしょう》、金一升《かねいっしょう》」と称されたほどだが、日本橋はその象徴のような町だった。

❖江戸の地本問屋となる

日本橋は江戸経済の中心地であっただけではない。江戸の富が集まっていたことで文化や情報の中心地ともなった。

江戸の出版界を牛耳る書物問屋や地本問屋も数多く店を構えていた。書物問屋では須原屋茂兵衛が日本橋の通《とおり》一丁目、須原屋市兵衛《いちべえ》は室町《むろまち》二丁目など、地本問屋では重三郎のライバルとなる鶴屋喜右衛門《つるやきえもん》が通油町に店を構えた。問屋のみならず、一流どころの版元や書店も同様であった。

武士の世界にせよ、町人の世界にせよ、当時は世襲《せしゅう》全盛の時代だった。そんななか、何の経験もなく出版という未知の業界に飛び込んでからわずか十年ほどで、江戸の一等地・日本橋に地本問屋として店を構えるまでになったのは、まさに奇跡といってよいだろう。重三郎三十四歳の時である。

そんな重三郎について、馬琴は次のように評している。

天明年代、通油町にあった丸屋という地本問屋の店舗を買い取って耕書堂の本店としてから、蔦屋は一代にして繁昌《はんじょう》した。

（曲亭馬琴『近世物之本江戸作者部類』）

重三郎にとり、日本橋への進出が飛躍の転機となったことが確認できる。もちろん、地本問屋の仲間入りを果たしたことも大きかった。馬琴はこうも評している。

世の中に吉原で遊んで財産を失う者は多いが、吉原から出てきた者で大商人として成功を収める者はなかなかいない。

（前掲書）

吉原から日本橋への進出を機に、重三郎の出版事業は大いなる飛躍を遂げるのである。

第二章

蔦屋重三郎が活躍した田沼時代とは?

――田沼意次の実像と虚像

1 将軍の厚い信任を得ていた田沼意次

父の代に幕臣となる

重三郎は出版活動を通じて江戸の社会を活性化させていくが、当時の時代背景を踏まえずしてその活躍は語れない。プロローグでも指摘したように、進取の気性に富む田沼時代という時流に乗って新たな取り組みに挑戦し、出版界の寵児《ちょうじ》に躍り出たからである。

当時は、田沼意次が幕政を主導したことで田沼時代と呼ばれるが、意次とはどんな人物だったのか。まずは幕府のトップにのぼりつめるまでを紹介しよう。

享保《きょうほう》四年（一七一九）、意次は旗本《はたもと》・田沼意行《もとゆき》の長男として江戸で生まれた。三年前の享保元年（一七一六）に、意行は紀州《きしゅう》藩士から幕臣（旗本）に取り立てられたばかりだった。この年、御三家の一つ紀州藩の藩主・徳川吉宗《とくがわよしむね》が八代将軍の座に就《つ》いたことにより、幕臣団に編入されたのである。

意行は幕臣としても、紀州藩士としても新参者だった。田沼家は紀州藩に仕えていたが、元禄《げんろく》年間（一六八八〜一七〇四年）に意行の父・義房《よしふさ》が病《やまい》のため退身《たいしん》してしまう。その後、宝永《ほうえい》元年（一七〇四）に意行が吉宗に召し出され、改めて紀州藩士となったからだ。

翌二年（一七〇五）、兄・頼職《よりもと》の死を受けて吉宗が藩主の座に就くと、意行は、吉宗の側《そば》近くで警護にあたる小姓《こしょう》に取り立てられる。十一年後の享保元年に、吉宗が将軍の座に就いて江戸城に入ると、今度は幕臣として召し出されて将軍の小姓となった。

将軍就任に伴い、吉宗は享保元年四月から同十年（一七二五）十月までの間に、計二百五名の紀州藩士を幕臣に加えた。なかでも、隠然《いんぜん》たる政治力を持つ御側御用取次《おそばごようとりつぎ》などの御側衆、将軍の警護にあたる小姓衆、将軍の身の回りの世話をする小納戸衆《こなんどしゅう》といった側近団を、紀州藩主時代からの気心の知れた者たちで固めた。意行もその一人であった。

享保十九年（一七三四）八月、意行は小納戸頭取《とうどり》に昇進する。小納戸は理髪や膳方《ぜんかた》など衣食住を世話する役であり、格式は小姓の方が小納戸よりも高かったが、その威《い》を誇ったのは小納戸の方だった。小納戸の頭取ともなると将軍の御手許金《おてもときん》を管理し、将軍が鷹《たか》狩りなどで城外に出る時は現場責任者を務めた。そんな小納戸頭取への抜擢《ばってき》には吉宗からの厚い信任が読み取れる。

その五カ月前の三月十三日に、意行の長男・意次は次期将軍（世子《せいし》）・家重《いえしげ》の小姓に取り立てられた。家督《かとく》相続前のことであり、これについても意行に対する厚い信任が背景にあった。意行は、意次が家重の信任を得て栄達することを夢見ただろう。だが、同じ年の十二月十八日に四十七歳で死去、その日を見ることなく、駒込《こまごめ》の勝林寺《しょうりんじ》に葬《ほうむ》られている。

❖九代将軍・家重の側近として重用《ちょうよう》される

父・意行の死去に伴い、翌享保二十年（一七三五）三月に意次は家督を相続する。父と同じく六百石《こく》を家禄《かろく》として与えられた。意次十七歳の時である。

八歳年上にあたる家重の側近くに仕えた意次は、父と同じく主君から厚い信任を得る。小姓就任から三年ほど経《た》った元文《げんぶん》二年（一七三七）十二月には、従五位下主殿頭《じゅごいげとのものかみ》に任じられ、父と同じ官位・官職にのぼる。田沼主殿頭意次の誕生であった。

延享《えんきょう》二年（一七四五）九月、吉宗は将軍職を家重に譲《ゆず》り、本丸御殿《ほんまるごてん》から西丸《にしのまる》御殿に移った。西丸御殿にいた家重は本丸御殿に移るが、意次は引き続き家重の小姓を務め、翌三年（一七四六）七月には小姓頭取に昇進する。

延享四年（一七四七）九月、意次は小姓組番頭《ばんがしら》格の御側御用取次見習に抜擢され、在職中は二千石が与えられることになった。吉宗が創設した「足高《たしだか》の制《せい》」に基づくものである。

この時代、幕臣にせよ藩士にせよ、百石とか百俵《ぴょう》といった家禄が幕府や藩から保証されており、任命された役職をこなすための出費は家禄で賄《まかな》うのが原則だった。だが、それでは家禄が少ない者は能力があっても、出費が大きい重職《じゅうしょく》を務めることはできない。

そのため、享保八年（一七二三）に、吉宗は人材登用の一環として足高の制を採用する。役職別に役高を定め、家禄が役高を下回る場合、在職期間中は不足分を支給した。家禄が少ない者でも重職に抜擢しやすくしたのである。

御側御用取次の役高は事実上二千石だったようで、意次は家禄六百石に千四百石がプラス（足高）される。そして、寛延《かんえん》元年（一七四八）閏《うるう》十月に御側御用取次見習のまま小姓組番頭に昇格したのを機に、改めて千四百石が加増され、家禄が二千石に達した。

宝暦《ほうれき》元年（一七五一）七月、見習が取れて御側御用取次に昇格する。宝暦五年（一七五五）九月には三千石が加増されて五千石の大身《たいしん》旗本となった。

見習ではあったものの、延享四年から務めた御側御用取次は吉宗が将軍の座に就いた時に新設された旗本の役職であり、将軍側近の筆頭格だった。それまでは大名の側用人《そばようにん》が筆頭格であった。

側用人は、五代将軍・綱吉《つなよし》の時に新設された役職である。綱吉は館林《たてばやし》徳川家という分家から将軍の座に就いたため、館林時代からの側近、牧野成貞《まきのなりさだ》と柳沢吉保《やなぎさわよしやす》を側用人に起用することで、将軍の権力を強化しようと目論《もくろ》む。

本来、側用人の職務は将軍の命令を老中《ろうじゅう》に伝える一方で、老中からの政務に関する上申《じょうしん》を将軍に取り次ぐことにあった。いわば伝達役に過ぎなかったが、側用人をして将軍権力の強化をはかりたいという綱吉の意向もあり、老中さえその威を恐れるような存在となっていく。

牧野と柳沢は将軍の権威を後ろ盾《だて》に政治力を発揮したのだ。いわゆる側用人政治のはじまりである。

次の六代将軍・家宣《いえのぶ》、七代将軍・家継《いえつぐ》の時は、家宣の寵臣《ちようしん》・間部《まなべ》詮房《あきふさ》が側用人として権力をふるうが、幕府内では側用人政治への反発が強かった。よって、吉宗はいったん側用人を廃止し、代わりに御側御用取次の役職を新設する。紀州藩主時代からの側近で幕臣に取り立てた有馬《ありま》氏倫《うじのり》たちを任命したが、有馬たちは吉宗の信任を背景に絶大な政治力を発揮した。要するに、看板を変えただけだった。

御側御用取次は、老中からの上申を将軍に取り次ぐ際に、自分の意見を直接述べることがあった。この件は上申できないと取り次ぎを拒絶する場合さえあり、その実態は側用人と変わりはなかった。後に大名の側用人の役職は復活するが、常置《じようち》ではなくなる。一方、旗本の御側御用取次は常置の役職だった。

意次は御側御用取次に任命されたことで、幕政に影響力を発揮しはじめる。宝暦八年（一七五八）九月には五千石を加増され、遠江国《とおとうみ》相良藩《さがら》一万石の大名となる。四十歳の時だったが、大名に取り立てられたのには理由があった。

この頃、美濃郡上藩《みのぐじょう》で起きた一揆《いっき》が引き金となって、老中や若年寄《わかどしより》、大目付《おおめつけ》、寺社奉行《じしゃぶぎょう》、勘定奉行《かんじょう》を巻き込んだ疑獄事件が発覚し、幕府は大きく揺れていた。事態を重大視した九代将軍・家重は、同年七月に幕府の最高意思決定機関たる評定所《ひょうじょうしょ》での審理を命じ、九月三日には意次にその審理に加わるよう指示した。

評定所は三奉行（寺社・町・勘定奉行）や大目付・目付が構成メンバーであり、御側御用取次がメンバーに加わることは前例がなかった。それだけ、意次に対する信任が厚かったのである。意次は大名になったのと同時に評定所の審理に加わるよう命じられており、箔《はく》を付けさせるため家重が大名に取り立てたことは明らかだった。

家重の特命により意次が審理に加わった結果、事件に関係した老中・若年寄たちは改易《かいえき》、逼塞《ひっそく》、罷免《ひめん》などの厳罰に処せられた。美濃郡上藩金森《かなもり》家も御家断絶となる。

この疑獄事件を手際《てぎわ》よく処理したことで、意次の政治力に注目が集まる。その後も、家重の命《めい》を受けて評定所への審理に加わっており、幕府の実力者として認められていくのである。

❖十代将軍・家治《いえはる》から政治の全権を委《ゆだ》ねられる

その二年後にあたる宝暦十年（一七六〇）五月、家重は大病のため将軍の座を嫡男《ちゃくなん》・家治《いえはる》に譲った。これに伴い、家重の側近団は本丸御殿を去った。ところが、意次は本丸にとどまり、十八歳年下の新将軍・家治の御側御用取次を務める。これは異例のことだった。

将軍が交代すると、将軍の側近団は入れ替わるのが通例である。綱吉の側用人として権勢をふるった柳沢吉保が新将軍・家宣の就任を機に辞職したのは典型的な事例だが、家治の代に入っても意次は御側御用取次を続けた。家治が家重の指示に従ったからであった。

家重は将軍の座を譲る際、家治にこう言ったという。「意次は正直で律儀者《りちぎもの》であるから、家治の時代になっても引き立てて召し使うように」。

意次の人となりについては、誠実さのほか、人心操縦の術に長《た》けていたことが指摘されている（藤田覚『田沼意次』）。目上はもちろん、目下への気配りや気遣いも行き届いていたわけだ。行政能力が高かったのはいうまでもない。そうした長所が、家重から高く評価されたのである。

世子時代からの側近も御側御用取次などの側近に抜擢されたが、親孝行な家治は家重の教えを守って、意次にそのまま御側御用取次を務めさせた。その後も重用《ちょうよう》された意次は、明《めい》和《わ》四年（一七六七）七月には側用人へ昇進し、石高《こくだか》も二万石となった。

明和六年（一七六九）八月には、側用人から老中格に昇進する。幕政を取り仕切る老中並みの権限が与えられたが、注目すべきは側用人ではなくなったにも拘《かか》わらず、その職務を続

徳川家治の鷹狩りを描いた錦絵（東京都立中央図書館蔵）

けるよう命じられたことである。同九年（一七七二）一月には老中に昇格するが、側用人の職務も継続している。

老中でありながら、側用人を事実上兼任したのである。これこそが田沼が権勢をふるうことができた一番の理由であり、田沼時代が到来した背景でもあった。

江戸城のなかで、将軍が日常生活を送るとともに政務を執《と》る空間は中奥《なかおく》だが、中奥に入れたのは側用人や御側御用取次、小姓衆、小納戸衆、将軍の脈を執る奥医師ぐらいであった。

そのため、老中が政務について将軍に上申する時は、中奥に出入りできる側用人たちを通して案件を取り次がせた。中奥で説明を受けた将軍は何らかの指示を側用人たちに与え、彼らを老中が詰める御用部屋に赴《おもむ》かせ、その意を伝言させた。

老中は政治向きについての決裁を仰《あお》ぐ際、直接将軍には拝謁《はいえつ》できないシステムとなっていたのである。

しかし、老中と側用人を同一人物が務めれば、思いのままに政治を動かすことは可能であった。

老中に昇任した意次は、側用人としての職務も家治から許されることで、政治の全権を握った。まさに将軍から受けた絶大な信任の賜物《たまもの》だった。

2 時代の先端を行く財政政策

❖幕府財政の悪化

老中として幕政のトップに立った意次の最大の課題は、幕府の財政難を克服することであった。鎌倉・室町幕府に比べると、当初江戸幕府の財政は豊かだったものの、四代将軍・家《いえ》綱《つな》の時代に入ると、俄《にわ》かに暗雲が立ち込める。

財政悪化への引き金となったのは、江戸城と城下が灰燼《かいじん》に帰《き》した明暦《めいれき》三年（一六五七）の明暦の大火である。江戸復興に莫大《ばくだい》な出費を余儀《よぎ》なくされた幕府が、江戸城天守《てんしゅ》の再建断念に追い込まれたことは、よく知られている。

その上、歳入が頭打ちとなる。幕府領の年貢米《ねんぐまい》が上限に近づいていたからだ。年貢を賦課《ふか》できそうな新田の開発が一段落したことに加え、農民の抵抗を念頭に置けば年貢率のアップにも限界があった。

一方で、歳出は増大を続ける。泰平《たいへい》の世により経済は未曽有《みぞう》の発展を遂《と》げるも、それは出費の増大も意味し、幕府とて例外ではなかった。消費経済の発展が歳出の増大を後押ししたが、その傾向に拍車をかけた人物こそ五代将軍・綱吉《つなよし》である。華《はな》やかな元禄時代を象徴するかのように、綱吉は豪勢な生活を送ったが、それだけ歳出は増大した。綱吉の時代を境に、幕府は深刻な財政難に陥《おちい》る。

その後、吉宗が八代将軍の座に就き、享保改革と呼ばれる幕政改革を断行したが、吉宗は何といっても財政再建に力を入れた将軍だった。

吉宗はみずから倹約《けんやく》に努めることで支出削減の範を示す一方、積極的な新田開発や年貢率のアップにより幕府領の年貢米を増やそうと目論む。幕臣に支給する俸禄米《ほうろくまい》に不足するほどの財政事情であることを諸大名に示した上で、江戸在府期間を半年とするかわりに、石高に応じた米を上納《じょうのう》させるという非常手段まで取った。歴史教科書でも必ず記述がある「上米《あげまい》令《れい》」である。財政再建のためには諸大名に頭を下げることも厭《いと》わなかったのである。

吉宗の財政再建策は成果を上げ、赤字に転落していた幕府の財政は持ち直す。年貢米は江戸時代を通じて最高値に達し、減る一方だった備蓄用の金銀も増加に転じ、百万両《りょう》を再び超えるまでになる。享保改革により収支は黒字に転換し、財政再建は成ったかにみえた。

しかし、年貢率のアップは農民の負担を重くするものでしかなく、重税にあえぐ農民が年貢徴収にあたる代官に猛反発し、激しい百姓一揆を起こすのは時間の問題だった。幕府は武力と厳罰をもって農民の抵抗を抑え込むも、激しい抵抗を受けたことで、これ以上年貢米を増やせないという現実を思い知らされる。

そして、享保改革の頃をピークとして幕府領からの年貢量は漸減《ぜんげん》していく。農民の抵抗に押され、現場の代官たちが年貢の減免を余儀なくされたり、重税のため農民が逃げ出し、耕作が放棄された農地も少なくなかったからだ。その結果、農村の荒廃が進行したことも年貢米漸減の要因となっていた。

❖株仲間の結成と運上《うんじょう》・冥加金《みようがきん》の徴収

年貢米に依存する財政構造の限界を悟った幕府は、それ以外の財源に目を向けるようになる。そこで登場するのが運上《うんじょう》・冥加金《みようがきん》だった。

享保改革の時より、幕府は商工業者による同業者の組合つまり株仲間の結成を認めるようになる。株を所有していない者はその商売や職業に関《かか》われず、株仲間に所属する商人や職人が営業を独占できる仕組みを構築した。

ただし、幕府から営業上の独占権が認められる代わりに、株仲間は冥加金の上納が義務付けられた。冥加金とは営業上の特権を与えられたことへのお礼として差し出す献金《けんきん》のことである。事実上の営業税でもあったため、運上とも呼ばれた。

幕府が商工業者に株仲間の結成を認めたことには、株仲間を通して流通ひいては物価をコントロールしたいという目論見《もくろみ》も秘められていたが、意次はこれに目を付ける。商品経済の発展を背景に、株仲間の結成を積極的に認めることで運上・冥加金の賦課対象を拡大し、歳入の増加をはかった。合わせて、流通や物価のコントロールによる物資の確保を目指した。

株仲間の結成を認められたのは都市部だけではない。農村部でも商工業が発展していたことで、農村にも「在方株《ざいかたかぶ》」と呼ばれる株仲間が幕府から公認された。

具体的にみてみよう。

江戸では、灯《あか》り用として灯油《とうゆ》の消費が増す一方だった。当時は灯油といえば菜種油《なたねあぶら》だが、大坂など上方《かみがた》から送られる下り油に依存していたことで、その安定的な供給は幕府にとって大きな課題であった。

宝暦十年（一七六〇）、幕府は大坂の菜種問屋《どんや》に対して株仲間の結成を認める。明和七年（一七七〇）には、油問屋の株仲間も公認する。運上・冥加金を賦課するとともに、両株仲間を介して菜種油の流通を統制することにより、その安定的な供給を目指した。

庶民の衣料品として広く需要があった木綿《もめん》についても、明和九年（一七七二）に大坂の綿屋や綿買次積問屋《わたかいつぎつみ》に株仲間結成を認める。同じく、運上・冥加金の賦課と木綿の安定的供給を目指した（藤田覚『田沼意次』）。

❖公金貸付の拡大

商業活動への課税を強化した幕府は、金融業にも本格的に乗り出す。利殖《りしょく》のため、幕府の公金を積極的に貸し出す方針を打ち出した。これは「公金貸付」と呼ばれる。

もはや年貢量の増加に期待できないのならば、利殖で歳入を増やそうという戦略だった。貸付額を拡大することで利息収入を増やし、歳入をアップさせようと目論んだのである。

主に、勘定奉行配下の代官が窓口になる形で、幕府は貸付事業を展開していった。貸出先は大名や旗本、資産のある豪商や豪農であった。

公金貸付とは別に、「拝借金《はいしゃくきん》」を許可することもみられたが、これは無利息だった。享保十七年（一七三二）、イナゴ（あるいはウンカ）の大群に西国《さいごく》の農地が荒らされて享保の大飢《だいき》饉《きん》が起きた折、幕府は西国諸大名に拝借金を許可する。領内が蝗害《こうがい》のため年貢が徴収できず、手元不如意《てもとふにょい》となったことを受けての対応である。

拝借金は大名の窮状《きゅうじょう》を救うための貸付金で、公金貸付は幕府が利殖をはかるための貸付金であり、その意図するところはまったく違っていた。

公金貸付による貸付額は、九代将軍・家重と十代将軍・家治の時代にあたる宝暦～天明《てんめい》年間（一七五一～八九年）以降、激増する。まさしく、年貢収入に依存する財政構造の限界に直面していた頃にあたる。その後も貸付額は増え続け、天保《てんぽう》十三年（一八四二）には二百五十九万両余にも達する。

これほどまで貸付額が激増したのは、何よりも低利だったことが一番の理由だ。利息はおおむね年利十％前後に過ぎず、当時の相場ではかなり低い方である。

質屋《しちや》の公定利率は、金二両まで借用した場合は年利二十八％、十両までは年利二十四％、百両までは年利二十％だった。公金貸付の倍以上だが、これよりも高利な貸金はいくつもあり、「日済貸《ひなしが》し」の年利は約八十五・七％、「百一文《ひゃくいちもん》」に至っては約三百六十％に跳《は》ね上がる（北原進『江戸の高利貸』）。

いずれにせよ、公金貸付はかなりの低利であり、借り入れを望む大名や旗本は少なくなかった。事業拡大の資金を得たい豪農や豪商にも、魅力的な貸付事業だった。

その結果、貸付額は飛躍的に増え続ける。連動する形で利息収入も急増した（竹内誠『寛政改革の研究』）。年貢収入には及ばなかったものの、増収に悩む幕府にとって大きな財源となった。

❖米価引き上げの財源となる御用金《ごようきん》

幕府に限らず、大名や旗本などの領主が、年貢や雑税以外の方法で領民から金銭を徴収できる名目は二つあった。「献金」と「御用金《ごようきん》」である。

献金の場合、領主側に返済の義務はなかった。かたや御用金は返済するのが決まりだった。三％程度の低利だが、利息付で返済されるのが建前《たてまえ》であった。

領主は様々な理由を掲げ、御用金の上納を命じた。姫様の嫁入り、若殿様の江戸城へのはじめての登城、先祖の法会《ほうえ》を執行《しっこう》するなどの理由を挙げ、富裕な領民にその費用を出金させた。領主は総じて財政難であり、臨時出費を賄う余裕などなかったため、急場凌《しの》ぎとして、富裕な領民に費用を負担させたのである。

出金額は、借り手の領主側から指定するのが通例である。御用金は献金とは違って返済するのが決まりだが、返済は滞《とどこお》ることが多く、時代が下るにつれて献金と変わらないものになる。事実上の踏み倒しであった。

当然ながら領民側は不満を抱《いだ》くも、領主の命令であるためむげには断れず、その減額を交渉するのが精一杯だった。

幕府も大名や旗本と同じように、幕府領の富裕な町人や農民から調達した御用金をもって臨時の出費を賄ったが、三都（江戸・京都・大坂）などの大都市を直轄領《ちょっかつりょう》としていたことは大きかった。豪商が数多く住んでおり、多額の御用金を上納させることが可能であった。

幕府が最初に御用金を命じたのは、家治が将軍に就任した翌年にあたる宝暦十一年（一七六一）のことである。当時は豊作続きで、米価は低落していた。年貢米を換金して歳入に充《あ》てていた幕府にしてみれば、米価低落は歳入の減少に直結する由々《ゆゆ》しき事態だった。

よって、市場に流通する米を大量に買い上げることで、米価の引き上げを目論む。これにより歳入の減少を防ごうとしたが、問題は買い上げに必要な巨額の資金であった。財政難であるから手元にそんな資金はなく、富裕な領民に御用金の上納を命じることで、米穀の買い付け資金を確保しようとはかる。

この時に御用金が割り当てられたのは、「天下の台所」の異名を持つ大坂の豪商たちである。

以後、幕府は大坂のほか、直轄地である堺《さかい》・兵庫・西宮《にしのみや》の豪商、及び周辺農村の豪農にも御用金を何度となく命じる。上方の商人のみならず、豪農にも対象を拡大することで、買い付け資金を潤沢《じゅんたく》に確保しようとした。文化《ぶんか》三年（一八〇六）からは、江戸の豪商などへの御用金割当も開始される。

幕府は米価調整の資金として、幕府領の富裕な領民から御用金を取り立てた。現在でいう公債を割り当てることで米価政策の財源、要するに歳入を確保した。その手法が初めて導入されたのがまさに田沼時代だったのである。

3　多分野に及んだ幕府の新規事業

❖蝦夷地《えぞち》の開発とロシアとの貿易計画

幕府の財政を預かるのは勘定奉行をトップとする勘定所であり、財源強化を目指す意次は、その智恵に大いに期待していた。現代の財務省にあたる勘定所は意次の期待に応《こた》える形で、運上・冥加金の増収、公金貸付の拡大、御用金の上納を立案・遂行《すいこう》した。

幕府の部局のなかでも、勘定所は役人の能力が何よりも求められた。他の部局ではみられなかったことだが、小禄《しょうろく》の者が能力次第でトップの奉行に昇進する事例も珍しくない。新たな財源を立案して成果を上げれば、立身出世も早かった。その傾向は田沼時代において、顕著《けんちょ》であった。

こうして、勘定所では新たな財源を生み出す政策や新規事業が次々と立案され、意次により採用されていく。そんな進取の気性に富む政治姿勢は、民間からの献策も積極的に受け入れることにつながった。

田沼時代に立案されたスケールの大きい新規事業といえば、下総国《しもうさ》（現在の千葉県北部と茨城県南西部）の印旛沼干拓《いんばぬまかんたく》計画と、蝦夷地《えぞち》（現在の北海道）の開発計画の二つが挙げられる。

印旛沼の干拓は、享保改革の時から計画されていた。この時は資金不足により頓挫《とんざ》するが、印旛郡などを支配する代官・宮村高豊は、江戸の商人・長谷川新五郎と大坂の商人・天王寺屋藤八郎から資金協力を取り付けることに成功する。高豊は干拓計画書を勘定所に提出し、天明二年（一七八二）七月に計画は許可された。

工事完成の暁《あかつき》には、三千九百町歩《ちょうぶ》（約三千九百ヘクタール）もの新田が生まれるはずであった。だが、第四章で述べるとおり、天明六年（一七八六）七月の洪水《こうずい》で干拓計画が振り出しに戻ると、翌八月に計画は中止となる。

蝦夷地開発は、仙台《せんだい》藩医で蘭学者の工藤平助《くどうへいすけ》の構想を、意次が取り入れたものである。意次に提出された平助の『赤蝦夷風説考《あかえぞふうせつこう》』は上下二巻から成り、上巻はロシア貿易と蝦夷地開発、下巻はロシアの地理と歴史がテーマであった。

意次はロシアとの貿易、そして鉱山の開発を目指し、蝦夷地への調査団派遣を決める。天明五年（一七八五）二月、調査団は江戸を出発して蝦夷地へ向かった。しかし、翌年八月に意次が失脚《しっきゃく》すると、蝦夷地開発事業も同じく中止となる。

❖国産化政策の推進と産業育成

意次は、輸入に頼っていた薬草などの産物の国産化にも積極的だった。これは享保改革以来の方針を踏襲《とうしゅう》するものである。吉宗が産物の国産化に力を入れた背景には、金銀の国外流出問題があった。

江戸初期の段階では戦国時代以来の鉱山開発ブームが続き、金銀の産出量は増加を続けた。とりわけ銀の産出増は目覚ましかったが、無尽蔵《むじんぞう》ではない以上、産出量が減少に転じるのは時間の問題だった。五代将軍・綱吉の時代に入ると、幕府は金銀を原料とする金銀貨の鋳造《ちゅうぞう》に苦しむようになる。

その一方で、金銀貨は国外に大量流出していた。六代将軍・家宣の政治顧問だった新井白石《あらいはくせき》の『折《おり》たく柴《しば》の記《き》』によれば、慶安《けいあん》元年（一六四八）から宝永《ほうえい》五年（一七〇八）までの間に、金二百三十九万七千六百両余と銀三十七万四千二百二十九貫《かん》目余が、中国産の生糸《きいと》や絹織物を購入するための支払いに消えた。また、慶長《けいちょう》六年（一六〇一）から宝永五年までの百七年の間に幕府が鋳造した金貨の四分の一が、銀貨に至っては四分の三が輸出、つまりは国外に流出したという。

よって、幕府は正徳《しょうとく》五年（一七一五）に、海舶互市新令《かいはくごししんれい》と呼ばれる貿易制限令を発した。長崎に来航できるオランダ船や中国船の数と貿易量、そして輸出品を指定することで、金銀の流出を防ごうと目論む。

享保改革でも貿易制限による金銀の国外流出防止の方針は踏襲されるが、吉宗は、輸入に依存していた産物の国産化を推進する。例えば、薬効があるとして需要が大きかった朝鮮《ちょうせん》人参《にんじん》の栽培を奨励《しょうれい》し、その種と苗を各所に配った。国産化を達成して自給できるようになれば、支払いのための銀の流出が減るからである。

意次は吉宗の方針を受け継ぎ、朝鮮人参の国産化をさらに推《お》し進める。本草学者《ほんぞうがくしゃ》で町医師の田村藍水《たむららんすい》を幕臣に取り立て、栽培に当たらせた。宝暦十三年（一七六三）からは、江戸に新設した人参製法所で製薬にも当たらせ、販売を開始している。

朝鮮人参と同じく、輸入に大きく依存していた砂糖の自給も目指す。具体的には砂糖黍《きび》の栽培を奨励したが、これにしても吉宗以来の方針だった。

幕府の奨励策に刺激され、砂糖黍の栽培、そして製糖に取り組む農民も出てくる。武蔵《むさし》国

（現在の東京都と埼玉県・神奈川県の一部）橘樹《たちばな》郡大師河原村《だいしがわらむら》（現神奈川県川崎市）で名主《なぬし》を務めた池上幸豊《いけがみゆきとよ》は、その一人である。

幸豊は藍水が試作していた砂糖黍の苗を譲り受け、栽培を試みる。研究を重ねて独自の製糖法を編み出し、明和三年（一七六六）には白砂糖の製糖に成功した。その後、意次に運動して、みずからが編み出した製糖法の普及のため、全国各地を廻《まわ》ることが許される。

意次は産物の国産化による金銀の国外流出防止だけでなく、国内産の金銀を増やすための鉱山の開発にも熱心だった。そのため、蝦夷地でも鉱山開発を目指した。ロシアとの貿易構想にしても、貿易により金銀を手に入れたいという狙《ねら》いがあった。実際、この頃オランダや清《しん》からは銀を輸入していた。

さらに、金銀に代わる輸出品として「俵物《たわらもの》」に目を付ける。俵物は干鮑《ほしあわび》・煎海鼠《いりこ》・鱶鰭《ふかひれ》といった海産物の総称で、俵に詰められて輸出されたため、そう呼ばれた。主産地は東北や蝦夷地だが、この三品は中華料理の高級食材としての需要が大きかった。よって、幕府は輸出品として注目し、俵物の集荷に力を入れる。

天明五年に、幕府は全国各地の漁村に俵物の生産を割り付け、長崎に設置した俵物会所《かいしょ》へ送るよう命じた。さらに役人を各地に派遣して長崎への廻送《かいそう》を督促《とくそく》するとともに、長崎奉行には会所に集められた俵物の輸出事務を執らせた。

❖民間からの献策とその利権

幕府主導ではなく、民間からの献策が政策化された新規事業も多々あったが、ここでは明和元年（一七六四）の「増助郷《ましすけごう》」と、同四年の「家質奥印差配所《かじちおくいんさはいしょ》」設置をみていこう。

明和元年末、幕府は、中山道《なかせんどう》の増助郷に関する業務を請け負いたいとする、商人や宿場からの願いを許可した。宿場に常備された荷物運送用の人馬が不足すると、近隣の農村は助郷と称して人馬の提供を命じられたが、当時中山道の交通量は増大していた。そのため、幕府は助郷の対象を拡大する計画を立てたため、商人たちはこれに目を付ける。

新たに助郷を賦課（増助郷）される村から、人馬提供の代わりに高《たか》百石につき六両二分を徴収する一方で、宿場近在の村から人馬を安く雇《やと》い、その差額を懐《ふところ》に入れようと目論んだのである。増助郷の業務を請け負うことに利権を見出《みいだ》した献策だった。幕府側にもその事務から逃《のが》れられるというメリットがあった。

幕府はこの献策を採用するが、増助郷の対象となった村々の猛反発を受ける。その結果、伝馬騒動《てんまそうどう》と呼ばれる大規模な百姓一揆に発展し、幕府は増助郷の撤回《てっかい》に追い込まれている。

明和四年十二月には、家屋敷を担保《たんぽ》とする町人の金銀借り入れに利権を見出した江戸の清右衛門、大坂の津国屋長右衛門、紙屋利兵衛の三人の献策を受け、家質奥印差配所が大坂に設置される。以後、家屋敷を担保とする借り入れに際しては差配所の奥印を受け、借主・貸主双方は差配所に手数料を納めることになった。差配所設置を献策した商人は、多額の冥加金納入と引き換えに、その運営を請け負い、手数料を懐に入れることが許される。

しかし、このシステムによって手数料の負担を強《し》いられた大坂の町人たちは猛反発する。翌明和五年（一七六八）一月には、差配所設置を願い出た商人の居宅《きょたく》を打ちこわす事件が起きた。幕府にとり冥加金は魅力的だったが、大坂町人の反発は無視できず、安永四年（一七七五）に至って差配所を廃止している。

このように、民間からの献策には、みずからも利権を獲得したいという思惑《おもわく》が秘められていた。幕府としては新たな財源になるとして飛びつくも、負担が増す人々からの反発を受けて、撤回を余儀なくされる事例は少なくなかった。

4 意次に付きまとう賄賂《わいろ》政治家の風説《ふうせつ》

❖幕府実力者による口利《くちき》きの横行

田沼時代の政策については、幕府当局と商業資本の癒着《ゆちゃく》が指摘されるのが定番である。

しかし、新規事業の献策に際し、そこに利権を見出した商人が、勘定所など関係部局の役人に賄賂《わいろ》を贈るのは日常茶飯事《にちじょうさはんじ》となっていて、別に田沼時代からはじまったことではない。民間からの献策を政策として取り入れることは、五代将軍・綱吉の時代から盛んにみられる。民間の献策を取り入れることで江戸の社会が活性化したのは間違いないが、関係部局への働きかけの過程で賄賂が横行したのも、また事実である。

新井白石はそんな賄賂が横行する現状を問題視し、正徳六年（一七一六）に民間からの献策自体を厳禁する。だが、幕府はこの方針を堅持《けんじ》できなかった。三年後の享保四年（一七一九）には、献策を解禁してしまう。

こうして、民間からの献策が再び増えていくが、勘定所など関係部局に直接掛け合うだけに限らなかった。側用人や御側御用取次といった将軍の側近に働きかけ、その側近からの口《くち》利《き》きという事例も少なくない。幕閣《ばっかく》を構成する老中や若年寄の家臣に働きかけ、その家臣から口を利いてもらう事例もみられた。当然ながら無償《むしょう》で口利きするはずもなく、その裏では多額の金品が動いた。

よって、享保改革最中の元文五年（一七四〇）五月には、幕府は側用人など、中奥勤務の役人や老中などの家臣による口利きを抑え込もうとしている。だが、口利きがなくなることはなかった。

田沼時代に入ると、民間からの献策を積極的に受け入れるスタンスが顕著になったことで、口利きも増えていく。それに連動して賄賂もさらに横行したが、そうした口利きを最も依頼された人物こそ、側用人を事実上兼任する老中・田沼意次の家臣だった。

❖付け込まれた新興大名・田沼家

田沼意次といえば、賄賂政治家のイメージが今なお強いが、田沼時代は商人の力を活用することで従来にない施策《しさく》が取られた時代だった。民間からの献策を取り入れるなどして、様々な新規事業が積極的に展開され、歳入の増加がはかられたことは既に述べたとおりだ。すなわち、規制を緩和《かんわ》することで幕府の財政難に対応しようとした。幕府財政の構造改革を目指したのであり、意次は改革者としての顔を持っていた。

しかし、民間の献策を積極的に取り入れようという方針に利権を見出した商人が賄賂を頻《ひん》繁《ぱん》に贈ったため、政治の腐敗《ふはい》が進行してしまう。結果、賄賂政治家という意次の悪評が定着することになり、田沼時代のイメージをネガティブなものにしているのは否《いな》めない。

幕府のトップとして、賄賂を黙認した意次の脇の甘さは非難されても仕方がないが、賄賂を直接受け取って意次に献策を取り次いだ家老《かろう》や用人《ようにん》側にも問題があったのはいうまでもない。用人とは家政向きを取り扱う家臣のことで、渉外《しょうがい》担当の役割も果たした。

意次自身は賄賂を受け取っておらずとも、家臣が受納すればその監督責任から逃れることはできない。意次の場合、六百石の旗本から大名、そして老中へとのぼりつめたため、自分の手足となる家臣団のコントロールが不充分だったことは否めず、その隙《すき》を突かれた格好で、意次の周辺では商人たちが暗躍《あんやく》した。そして、家老や用人への賄賂が横行したのである。

一代で老中にまでのぼりつめたこともあり、意次の家臣団はどうしても寄せ集めにならざるを得なかった。家臣の列に加えた者も武士とは限らず、家臣団のトップたる家老の井上寛司《いのうえかんじ》や用人の三浦庄司《みうらしょうじ》にしても、農民から取り立てられた者だった。田沼家は、厳格な身分制の縛《しば》りとは無縁な大名家であった。

弱肉強食の戦国時代ならばいざしらず、当時は泰平の世を背景に序列も固定し、おのずから立身出世の道は狭《せば》まっていた。それにも拘わらず、意次は将軍の信任の厚さを後ろ盾に幕府のトップへと成り上がったことで、幕臣たちからの嫉妬《しっと》や反感は避けられなかった。

三河譜代《みかわふだい》に代表される先祖代々の幕臣たちからみれば、田沼家は八代将軍・吉宗の代に幕臣に取り立てられた新参者に過ぎず、成り上がり者として白眼視《はくがんし》されていたことは想像するにたやすい。

意次もその点はよくわかっていたはずだが、家臣団を充分にコントロールできないまま、補佐役の家老や用人が商人たちに付け込まれてしまう。その結果、賄賂政治家として歴史に名を残すことになった。

だが、意次の賄の甘さに象徴されるように、当時の社会は規制も緩《ゆる》く、自由な雰囲気に包まれて、経済も社会も活性化した。そんな時流に乗って、出版人としての能力を存分に発揮したのが、意次と同じ成り上がり者の重三郎だったのである。

第三章

蔦屋重三郎が世に送り出した文化人には どんな人物がいたのか？

――文化活動で才能を発揮した武士と町人

1　黄表紙《きびょうし》の隆盛《りゅうせい》と戯作者《げさくしゃ》・山東京伝《さんとうきょうでん》

❖黄表紙の登場

第一章でも述べた通り、家業が吉原《よしわら》の茶屋だった重三郎にとり、出版は異業種であった。そのため、出版業をはじめるに際してはハイリスク・ハイリターンな出版物は自重《じちょう》し、着実に利益を上げようとしている。

まずは自分の強みを活《い》かす形で、生まれ育った吉原に関連する本からスタートした。それも、年二回の定期刊行物であるため安定した売り上げが見込めた「吉原細見《よしわらさいけん》」、遊女屋の注文を受けて製作した遊女評判記など、出版リスクが少ないものばかりだった。

次に吉原関連本以外でも、安定的な売り上げが見込める二つのジャンルに手を伸ばす。富《とみ》本節《もとぶし》の正本《しょうほん》・稽古本《けいこぼん》と往来物《おうらいもの》の出版である。

重三郎は浮き沈みの激しい江戸の出版界の動向をしっかりとリサーチし、経営基盤を固めるなど、堅実な経営手腕が確認できるが、やがて攻めに転じた。安永《あんえい》九年（一七八〇）より黄表紙《きびょうし》の出版を開始したのである。

黄表紙は、草双紙《くさぞうし》（庶民向けの絵入り読み物）の一種であった。草双紙は江戸時代に入ってから誕生したジャンルだが、時期により呼び名が異なる。四代将軍・家綱《いえつな》の延宝《えんぽう》年間（一六七三～八一年）以降は赤本《あかほん》と呼ばれた。表紙の色から付けられた名称である。赤本時代の草双紙は子供向けの内容で、おとぎ話がメインだった。

八代将軍・吉宗、九代将軍・家重《いえしげ》の延享《えんきょう》年間（一七四四～四八年）に入ると、黒本《くろほん》あるいは青本《あおほん》と呼ばれた。浄瑠璃《じょうるり》や歌舞伎《かぶき》の筋書き、伝説、軍記物《ぐんきもの》、敵討《かたきうち》、怪談《かいだん》などに題材を取っており、大人向けの内容へと変わりはじめる。

サイズは中本《ちゅうほん》と呼ばれた大きさである。一冊あたり五丁《ちょう》（現在では十ページ分にあたる）で、二～三冊を一組として出版されるのが定番だった。いずれにせよ、草双紙は挿絵《さしえ》が大半を占める構成だが、安永四年（一七七五）に、従来の草双紙の範疇《はんちゅう》を超える作品が登場する。

この年刊行された恋川春町《こいかわはるまち》作の黄表紙『金々先生栄花夢《きんきんせんせいえいがのゆめ》』は、草双紙の歴史を変えるほどの大ヒット作となる。その内容は次のようなものであった。

江戸でひと儲《もう》けしようと、田舎《いなか》から出てきた金村屋金兵衛という若者が、その途中、観光名所の目黒不動《めぐろふどう》に立ち寄った。門前の茶屋で注文した、目黒不動名物の粟餅《あわもち》を待っている間に、金兵衛はつかの間の夢を見る。ある富豪の養子となって吉原などの遊里《ゆうり》で栄花を極めるも、遊びが過ぎて勘当《かんどう》の身となってしまう。そこで夢から覚めた金兵衛は、人間の一生の楽しみも粟餅が出来上がるまでの夢に過ぎないと悟り、村に帰るという筋立てだった。

平易なストーリー展開ではあったものの、当時の流行や世相を文章や絵に巧《たく》みに織り交ぜたことで、従来の草双紙に飽き足りなかった読者に刺さる内容となった。何といっても文章が諧謔《かいぎゃく》に富んでおり、読み手の知的好奇心をくすぐった。

『金々先生栄花夢』はウイットに富む大人向けの娯楽小説だった。この路線が好評を博したため、同じようなスタイルの小説が次々と出版され、このスタイルが売れ筋となったことで、同作は草双紙を変えた作品として後世に名を残す。絵入りの読み物であることに変わりはなかったが、草双紙は完全に読者を大人に想定したジャンルとなったのである。

同作の表紙が黄色であったことから、以後、草双紙は黄表紙と呼ばれた。黄表紙全盛の時代がはじまるが、売れ筋であることに目を付けた重三郎も黄表紙の市場に参入していく。

❖二大巨頭の恋川春町と朋誠堂喜三二《ほうせいどうきさんじ》

こうして、当時の世相や風俗《ふうぞく》、事件について、流行語を交えながら写実的に描くとともに、滑稽《こっけい》さ、洒落《しゃれ》、風刺《ふうし》、ナンセンスな笑いを盛り込んだ黄表紙が隆盛《りゅうせい》を迎える。世相、つまり時事ネタをパロディー化し、シニカルな風刺により笑いを取る手法が江戸っ子に受けたことで、名立たる版元が黄表紙の出版に鎬《しのぎ》を削《けず》った。

黄表紙出版の先鞭《せんべん》を付けた『金々先生栄花夢』の作者・恋川春町だが、これは実名ではない。ペンネームであり、その正体は駿河小島《するがおじま》藩士の倉橋格《くらはしいたる》という、れっきとした武士だった。

延享元年（一七四四）に駿河で生まれた春町は、伯父《おじ》・倉橋忠蔵の養子に迎えられ、小島藩松平《まつだいら》家に仕えることになった。小島藩は一万石《ごく》の小藩だが、藩主松平家は、家康《いえやす》と祖を同じくする松平一門（十八松平ともいう）の一つ、滝脇《たきわき》松平家であり、名門の譜代《ふだい》大名であった。そのことが後年、春町の悲劇につながったのかもしれない。

春町は江戸藩邸《はんてい》詰の藩士として、江戸で長く暮らした。藩からの評価は高く、留守居添役《るすいそえやく》、側用人《そばようにん》、用人と出世街道をひた走った。天明《てんめい》七年（一七八七）には、家老《かろう》に相当する御《お》年寄本役《としよりほんやく》となり、藩政のトップに立つ。ただし、小藩であるため、石高《こくだか》は百二十石にとどまった。

小島藩の重役だった春町は職務に励む一方で、狩野《かのう》派の絵師・鳥山石燕《とりやませきえん》に入門し、絵を学んだ。その弟子《でし》には浮世絵師《うきよえし》の喜多川歌麿《きたがわうたまろ》もいた。

石燕は妖怪《ようかい》図を得意とした絵師で、石燕のもとで画才を磨いた春町は、安永二年（一七七三）に、洒落本『当世風俗通《とうせいふうぞくつう》』の挿絵絵師としてデビューする。洒落本とは、遊里で交わされる会話を骨子《こっし》とした小説だ。そして安永四年には、文章も絵も自分が担当した『金々先生栄花夢』が出版され、大ヒットして人気作家の仲間入りを果たした。

ただし、実名の倉橋格で洒落本や黄表紙を執筆したり、挿絵を描くことはできなかった。恋川春町のペンネームの由来は小島藩の江戸藩邸にあった。藩邸は小石川春日町《こいしかわかすがちょう》にあり、これをもじって恋川春町と名乗る。

画才だけでなく文才も発揮した春町は、その後も黄表紙を世に出し続ける。作品の挿絵もほとんど自分で描いたが、当時、春町とともに黄表紙界をリードした人物がいた。その名を朋誠堂喜三二《ほうせいどうきさんじ》という。

喜三二は九歳年下の春町と同じく武士で、その正体は秋田藩士の平沢常富《ひらさわつねとみ》である。江戸藩邸詰の藩士として江戸留守居役を長く務める。江戸留守居役とは藩の外交官として幕府や他藩との折衝《せっしょう》にあたった藩士であり、江戸の事情だけでなく、吉原の事情にも詳しかった。

諸藩の江戸留守居役は情報交換のため、家格に応じて組合をつくっていた。これを留守居組合というが、その会合の場として使われたのが、江戸の高級料亭や吉原だった。職務で頻《ひん》繁《ぱん》に出入りするうちに、吉原のことにも自然と詳しくなる。その情報をもとに、喜三二は金《きん》錦佐恵流《きんさえる》の名で洒落本『当世風俗通』を執筆したのであり、これがデビュー作となる。その作品こそ、挿絵絵師としての春町のデビュー作でもあった。

喜三二は二年後に出版された『金々先生栄花夢』に刺激されたのだろう。安永六年（一七七七）以降は黄表紙を刊行するが、それらの黄表紙も春町が挿絵を担当することが多かった。

❖春町と喜三二を専属的な作家とする

黄表紙界をリードした春町にせよ、喜三二にせよ、当初は地本問屋《じほんどんや》の鱗形屋《うろこがたや》から出版していた。両人とも鱗形屋の専属的な作家のような立ち位置だったが、この頃、鱗形屋は経営難に陥《おちい》っていた。『金々先生栄花夢』が大ヒットした安永四年に、手代《てだい》が起こした重板《じゅうはん》事件で処罰されたからである。この事件がきっかけとなって、重三郎に「吉原細見」の市場を奪われたことは第一章で述べた。

巻き返しをはかる鱗形屋は黄表紙を次々と出版する。だが、結局経営を立て直せないまま江戸の出版界から退場する。そんな鱗形屋と入れ替わるように、喜三二や春町の黄表紙を出版し、二人を自身の専属作家のような立ち位置とすることに成功したのが、重三郎だった。「吉原細見」に続いて、鱗形屋の遺産を受け継いだのである。

重三郎にとって、吉原へ頻繁に出入りした喜三二にコンタクトを取って執筆を依頼することは容易だったはずだ。吉原が結ぶ縁《えん》を最大限に活用する形で、喜三二の作品を続々と出版する。

重三郎は、安永六年には喜三二の遊女評判記『娼妃地理記《しょうひちりき》』を道陀楼麻阿《どうだろうまあ》の別名で出版し、華道書の『手《て》ことの清水《しみず》』では叙《じょ》と跋文《ばつぶん》の執筆を依頼した。その後、蔦屋重三郎版「吉原細見」序文の執筆も依頼する。そして、「吉原細見」序文の執筆者を喜三二で固定させた。

黄表紙の出版を開始したのは、同九年のことである。この年に重三郎が出版した八作の黄表紙のうち三作が喜三二の作品だった。人気作家の喜三二を擁《よう》し、満を持して黄表紙の出版に参入していく。

吉原関連出版物の版元から脱皮し、流行の出版物も扱う版元となったわけだ。重三郎は攻めに転じて、さらに売り上げを伸ばしていったのである。

この二人の関係だが、執筆依頼を次々と引き受けたことが示すように、喜三二は十五歳年下の重三郎をたいへん気に入っていたようだ。才知《さいち》に長《た》け、度量《どりょう》が大きく、人には信義をもって接するという人間性を評価したのである。

喜三二の知遇《ちぐう》を得た重三郎の出版活動には追い風が吹く。次々とヒット作を出版したその理由について、馬琴《ばきん》は次のように証言する。


世才が人よりも優れていたため、当世の才子たちから愛顧《あいこ》された。出版した作品はすべて、その時代の人々の好みに合った。よって、十余年の間に出版界で台頭《たいとう》し、江戸で一、二を争う地本問屋となった。（曲亭馬琴『近世物之本江戸作者部類』）

世渡りがうまかったため、作家から目を掛けられたこと、時宜《じぎ》にあった作品を出版できたことがその理由と指摘する。要するにビジネス力が抜きん出ていたということなのだろう。

喜三二に続けて、春町の黄表紙を出版するのは、少し遅れて天明二年（一七八二）からだった。喜三二が仲立ちしたと推定されている。そして、重三郎より六歳年上にあたる春町も、その専属的な作家となった。

❖洒落本の第一人者となる山東京伝

朋誠堂喜三二、恋川春町という二人の人気作家を擁して、黄表紙の市場をリードしはじめた重三郎だが、他の版元も、新興《しんこう》の重三郎に負けじと新進気鋭の戯作者《げさくしゃ》を発掘し、その作品を投入していく。黄表紙の市場は活況を呈《てい》するが、なかでも江戸有数の地本問屋・鶴屋喜《つるやき》右衛門《えもん》は山東京伝《さんとうきょうでん》に期待するところが大きかった。

宝暦《ほうれき》十一年（一七六一）、京伝は質屋・岩瀬伝左衛門《いわせでんざえもん》の長男として深川《ふかがわ》の木場《きば》で生まれた。若い頃から浮世絵師・北尾重政《きたおしげまさ》に入門し、絵を学んでいる。画名は北尾政演《まさのぶ》である。

安永七年（一七七八）に黄表紙『開帳利益札遊合《かいちょうりやくのめくりあい》』で挿絵絵師としてデビューした京伝は、早くから版元に注目される存在だった。

文才も画才もあった京伝を高く評価する鶴屋は、毎年のように京伝作の黄表紙を出版した。天明二年に出版した黄表紙『手前勝手御存商売物《てまえがってごぞんじのしょうばいもの》』は、江戸の文学界の重鎮《じゅうちん》だった大田南畝《おおたなんぽ》の絶賛《ぜっさん》を受けたため、一気に注目される存在となる。

重三郎も京伝には注目していた。だが、当初は文才よりも画才を評価し、黄表紙などの挿絵を依頼した。京伝、つまり政演の師匠《ししょう》・重政は、重三郎が最初に出版した遊女評判記『一目千本《ひとめせんぼん》』の挿絵を担当した絵師だった。その後も黄表紙や「吉原細見」をはじめとする重三郎の出版物の挿絵を数多く手がけた重政と重三郎との関係は深かった。そのルートから、弟子の京伝に声を掛けたのだろう。

やがて、重三郎も京伝の文才に注目し、黄表紙の執筆を依頼する。なかでも天明五年（一七八五）に出版した『江戸生艶気樺焼《えどうまれうわきのかばやき》』は人気を博し、黄表紙の歴史のなかでも屈指《くっし》の傑《けっ》作《さく》として、江戸の文学史にその名をとどめる。その内容は、次のようなものであった。

——金満家《きんまんか》の仇気屋《あだきや》の一人息子・艶次郎《えんじろう》は、醜男《ぶおとこ》であるにも拘《かか》わらず、自惚《うぬぼ》れが強かった。悪友にそそのかされ、色男となって浮名《うきな》を流そうと、金に任せて様々な計画を立てるが、ことごとく失敗した。最後は、吉原の遊女を身請《みう》けして心中《しんじゅう》の真似《まね》ごとをしようとす

『江戸生艶気樺焼』（国立国会図書館蔵）

るが、盗賊に身ぐるみはがされてしまう。

実は、これは父親と番頭《ばんとう》が戒《いまし》めのために仕組んだ狂言《きょうげん》だった。ここに至って艶次郎は、ようやく心を改めたというストーリーだ。同作の人気の高さを受けて、獅子《しし》鼻《ばな》に描いた艶次郎の鼻は「京伝鼻」、遊里で色男と自惚れる男は「艶次郎」と、世間では呼ばれたほどである。

馬琴によれば、蔦屋重三郎や鶴屋から出版された草双紙（黄表紙）は春町のような売れっ子の場合、一万部は売れた。一万二、三千部売れることもあった（曲亭馬琴『近世物之本江戸作者部類』）。当時の黄表紙の価格は五十文《もん》とか六十四文であり、かけ蕎麦《そば》一杯の数倍だ。それでも一万部以上売れたというのは相当な売り上げに他ならない。

『江戸生艶気樺焼』の大ヒットの勢いを借りて、鶴屋専属のような立ち位置だった京伝に重三郎は食い込んでいくが、黄表紙だけを出版したのではなく、洒落本も出版している。

洒落本は、挿絵がメインの黄表紙とは違って、文章がメインである。三十ないし四十丁から成り、挿絵は一丁につき一、二図ほどだった。

遊里で交わされる会話を骨子とした小説である洒落本の特徴は、「うがち」といわれる。うがちとは、表には出てこない遊里での習俗《しゅうぞく》、言葉、流行、人情の機微《きび》を巧《たく》みに描写することである。洒落本は遊里の手引書でもあったが、執筆にあたっては何といっても文章力が問われた。

黄表紙の作家である春町、喜三二たちも洒落本を出版したが、『江戸生艶気樺焼』の成功を受けて、重三郎は京伝に洒落本の執筆を依頼する。京伝はその期待に応《こた》えて、話題作となる洒落本を出版していて、天明七年には『通言総籬《つうげんそうまがき》』を出版した。

同書は吉原における最新の話題を展開させつつ、遊女屋の松葉屋《まつばや》（作中では松田屋《まつだや》）における情景、風俗、言葉、遊びの世界を描いた作品であった。この時期に出版された洒落本の代表作と評価される。京伝は若い頃から吉原などの遊郭《ゆうかく》に出入りしており、その実体験を洒落本の執筆に活かせたことは大きかった。

ここに京伝は、洒落本界の第一人者としての地位を確立する。だが、それは重三郎によるプロデュースの賜物《たまもの》だったといえる。

なお、重三郎に先立って京伝の文才を評価した鶴屋だが、錦絵《にしきえ》も数多く出版する版元として知られていた。重三郎と同じく通油町《とおりあぶらちょう》に店を構えた時期があり、第一章でも触れたように、江戸のガイドブック『江戸名所図会《えどめいしょずえ》』でも、店先が錦絵の販売所として描かれている。重三郎と鶴屋は、京伝の黄表紙を競って出版したライバルだったが、馬琴によれば、天明八年（一七八八）には、二人は馬琴と一緒に日光《にっこう》や中禅寺湖《ちゅうぜんじこ》へ旅したこともあったという（曲亭馬琴『伊波伝毛乃記』）。

2　天明狂歌の時代と狂歌師・大田南畝

❖狂歌ブームを支えた下級武士たち

田沼時代にたいへん人気があった黄表紙や洒落本の出版に参入し、重三郎は江戸の出版界を牽引《けんいん》しはじめた。人気作家の朋誠堂喜三二と恋川春町に加え、新進気鋭の山東京伝の作品を出版していったわけだが、狂歌本のジャンルにもチャレンジしている。ここでも、重三郎のプロデュース能力がいかんなく発揮されている。

狂歌とは和歌の形式（五・七・五・七・七）を保ちながらも、通俗的な言葉により諧謔、滑稽、風刺の精神が盛り込まれたもののことである。「世の中に　かほどうるさき　ものはなし　ぶんぶといふて　夜も寝られず」などは、寛政《かんせい》改革での文武奨励《しょうれい》策を皮肉った狂歌としてよく知られている。

その歴史は古く、鎌倉・室町時代より盛んだった。だが、座興《ざきょう》の場で読み捨てられるのが不文律《ふぶんりつ》で、作品はほとんど残っていないとされる。

江戸時代に入ると、泰平《たいへい》の世を背景に狂歌を楽しむ者が増えて、大衆文芸となる。田沼時代には狂歌のブームが上方《かみがた》から江戸に移るが、狂歌師として活躍したのは、教養豊かな江戸在住の下級武士や裕福な町人だった。

十代将軍・家治《いえはる》の時代にあたる明和《めいわ》六年（一七六九）には、狂歌師・唐衣橘洲《からごろもきつしゅう》の自宅で狂歌会が開かれた。橘洲は狂歌を好んだ幕臣・内山賀邸《うちやまがてい》の門下で、同門の朱楽菅江《あけらかんこう》や四方赤良《よものあから》たちが集まった。これをきっかけに江戸での狂歌ブームに火が付く。天明年間（一七八一〜八九年）には最高潮に達し、天明狂歌の時代が到来した。現在に喩《たと》えれば、サラリーマン川柳《せんりゅう》のような盛り上がりをみせる。

唐衣橘洲はペンネームで、その実名は、徳川御三卿《ごさんきょう》の一つ・田安《たやす》徳川家家臣の小島源之《こじまげんの》助《すけ》だった。だが、実名のまま狂歌を詠《よ》むのは憚《はばか》られたため、狂名《きょうめい》と呼ばれたペンネームを用いたのである。

狂歌を詠む人々は、「連《れん》」と呼ばれるグループを組織して活動した。橘洲の四谷連《よつやれん》、朱楽菅江の朱楽連、四方赤良の四方（山手《やまて》）連、元木網《もとのもくあみ》の落栗連《おちぐりれん》、宿屋飯盛《やどやのめしもり》の伯楽連《はくらくれん》、加保茶《かぼちゃの》元成《もとなり》の吉原連など、最盛期には十数もの連が存在した。

なかでも橘洲・菅江・赤良の三名は天明狂歌三大家とされ、狂歌界を牽引《けんいん》した。菅江は幕府の御家人《ごけにん》・山崎景貫《やまざきかげつら》の狂名、赤良は同じく御家人・大田南畝の狂名である。元木網は湯屋《ゆや》業を営む大野屋喜三郎《おおのやきさぶろう》、宿屋飯盛は国学者の石川雅望《いしかわまさもち》、加保茶元成は吉原の遊女屋大文字屋《だいもんじや》の主人・二代目市兵衛《いちべえ》の狂名だった。

こうした狂歌は、その場で読み捨てられることが暗黙の前提とされたが、天明期の大ブームに目を付けた版元は、狂歌師たちが詠んだ狂歌を収録した本を出版していく。こうして、空前の狂歌本の出版ラッシュが訪れる。

❖幕臣・大田南畝との交誼《こうぎ》を深める

重三郎が黄表紙の市場に参入するに際して、喜三二の知遇を得たことは大きかったが、狂歌本の市場では、天明狂歌三大家の一人である四方赤良、すなわち大田南畝が果たした役割は外《はず》せない。

重三郎より一歳年上の南畝は、寛延《かんえん》二年（一七四九）に、御徒《おかち》・大田正智の長男として牛《うし》込仲御徒町《ごめなかおかちまち》に生まれた。将軍の身辺警護を任務とする御徒は、本丸や西丸御殿の玄関に詰める一方で、将軍が城外に出る際（御成《おなり》）には、行列の先駆《せんく》（先払い）や御成道を固める役を務めた。禄高《ろくだか》は七十俵《ぴょう》五人扶持《ぶち》であった。

若い頃から、南畝の文才は非常に注目された。明和三年（一七六六）に漢詩集『明詩擢材《みんしてきざい》』、翌四年（一七六七）には狂詩集『寝惚先生文集《ねぼけせんせいぶんしゅう》』を出版して大きな評判を呼ぶ。狂歌が和歌のパロディーであったのに対し、狂詩は漢詩のパロディーだが、南畝はまだ二十歳《はたち》にもなっていなかった。

安永四年には『甲駅新話《こうえきしんわ》』を出版して、洒落本に進出する。洒落本は主に吉原を舞台とする小説だが、同書は、甲州《こうしゅう》街道の宿場町内藤新宿《ないとうしんじゅく》が舞台となっている。内藤新宿の旅籠屋《はたごや》には飯盛女《めしもりおんな》の名目で遊女が置かれたため、遊女屋としての顔もあった。というよりも、内藤新宿に限らず、宿場町の旅籠屋は遊女屋の顔を持つことが珍しくなく、宿場の実態は遊里と言ってもよかった。

南畝はその後も文才を発揮し、洒落本の秀作を次々と出版する。黄表紙にも進出し、ついには黄表紙の評判記まで出版。文芸評論家としても、文学界から認められる重鎮《じゅうちん》となった。彗星《すいせい》のごとく登場した戯作者の活躍ぶりを、重三郎は指をくわえて眺《なが》めてなどいなかった。執筆を依頼し、天明元年（一七八一）に黄表紙評判記『菊寿草《きくじゅそう》』、翌年には同じく『岡《おか》目《め》八目《はちもく》』を刊行する。『菊寿草』で南畝は、重三郎刊行の黄表紙『見徳一炊夢《みるがとくいっすいのゆめ》』（朋誠堂喜三二作）に最大級の評価を与えたため、重三郎はたいへん喜ぶ。その御礼を述べるため、はじめて自宅を訪ねてきたと南畝の日記には書かれている。重三郎と南畝の初対面だった。

　重三郎としては南畝に執筆を依頼したものの、いまだ対面を果たしていなかった。その機会を窺《うかが》っていたが、『見徳一炊夢』を取り上げてくれたことを幸いに、御礼の名目で会いに行ったのである。

　念願の対面を果たした重三郎は、様々な機会を通じて南畝との交遊を深め、その距離を縮めていく。重三郎の地盤たる吉原も、南畝との交遊の舞台となった。

　こうして、天明狂歌三大家に数えられた南畝と重三郎は、互いに認め合う関係となる。重三郎の人間性は南畝からも気に入られたのだ。同世代だったことも大きかったのではないか。二人が信頼関係にあったことは、南畝が、重三郎の母・津与《つよ》の顕彰文《けんしょうぶん》を書いたことからもよくわかる。

❖狂歌本の出版と蔦唐丸の誕生

　南畝は、狂歌を詠む時には四方赤良の狂名を用いたが、戯作者がその文才を活かして狂歌を詠むのは、ごく当たり前のことだった。喜三二の狂名は手柄岡持《てがらのおかもち》、春町の狂名は酒上《さかのうえの》不埒《ふらち》である。戯作者は狂歌師を兼ねることが多かったものの、逆に狂歌師が、黄表紙や洒落本などを出版するとは限らない。小説の執筆は、それだけ敷居《しきい》が高かった。

狂歌は敷居が低く、ある程度の力量があれば詠めた。それは狂歌人口の裾野《すその》を広げ、狂歌ブームを後押ししていく。

このブームに乗ろうと、版元は著名な狂歌師の編纂《へんさん》による狂歌本を出版したため、狂歌ブームはさらに拍車が掛かる。その先陣《せんじん》を切ったのが、天明三年（一七八三）正月に出版された、橘洲撰の『狂歌若葉集《きょうかわかばしゅう》』（版元・近江屋本十郎など）と赤良撰の『万載狂歌集《まんざいきょうかしゅう》』（版元・須原屋伊八《すはらやいはち》）の二編である。

『狂歌若葉集』は、当時の狂歌を狂歌師別に配列しただけだったのに対し、『万載狂歌集』は、平安末期の勅撰《ちょくせん》和歌集『千載和歌集《せんざいわかしゅう》』に倣《なら》って、古今の狂歌を内容別に配列した作品であった。この二つの狂歌本は競作となるが、内容に工夫があった『万載狂歌集』に軍配《ぐんばい》があがる。

天明狂歌三大家といっても、橘洲と赤良の間には作風の違いがみられた。江戸時代初期の歌風を理想とする橘洲と、時流に合わせた狂歌を目指す赤良の対立だ。そんな二人の相容《あいい》れない関係が、競作の背景にはあった。橘洲による『狂歌若葉集』編纂の動きに刺激を受けて、赤良が『万載狂歌集』の編纂に取りかかったという裏事情もあったのである。

この競作は大きな話題を呼び、以後、狂歌本が名立たる版元から続々と出版される。重三郎もそんな版元の一つで、その狂歌本の多くに赤良が関わっていた。天明七年に刊行した赤良撰の『狂歌才蔵集《きょうかさいぞうしゅう》』は、『万載狂歌集』『狂歌若葉集』『徳和歌後万載集《とくわかごまんざいしゅう》』『狂言鶯蛙《きょうげんおうあ》集《しゅう》』などともに天明五大狂歌集の一つとされる。二人の厚い信頼関係の賜物であった。

重三郎は単に狂歌本を出版するだけではなく、橘洲と赤良の関係修復にも動いた。両者の競作に関して軍配は赤良にあがったため、橘洲は当然面白くなく、二人の関係がさらに悪化したことは想像に難くない。狂歌師の間で二人の仲を取り持つ動きもあったが、重三郎は、狂歌本の出版を通して関係の修復を試みている。

天明五年に出版した『狂歌評判俳優風《きょうかひょうばんわざおぎぶり》』の撰者《せんじゃ》は、橘洲・菅江・赤良の三人であり、天明狂歌三大家の揃《そろ》い踏《ぶ》みだった。編纂と称して三名を集めることで、二人の仲を取り持った格好である。同年に出版した立松東蒙《たてまつとうもう》（平秩東作《へづつとうさく》）撰の『狂歌百鬼夜狂《きょうかひゃっきやきょう》』では、序文を赤良、跋文《ばつぶん》を橘洲に依頼しており、いわばコラボを実現させたことにも、二人の関係を修復したいという狙《ねら》いが透《す》けてくる。重三郎は版元の分を超え、いわば狂歌界の御家騒動《おいえそうどう》を丸く収めようとした。

重三郎は狂歌本を出版する一方で、狂歌師の仲間入りを果たす。自分も狂歌を詠みはじめたのだ。屋号の蔦屋重三郎と本名の喜多川柯理《からまる》にちなみ、狂名は蔦唐丸《つたのからまる》という。これにより、狂歌本の出版では、他の版元よりも断然有利な立場を得たことは見逃せない。

版元にとって狂歌本出版の早道は、狂歌師との距離を縮めることである。その手段として、狂歌師の顔を持つことにしたのだろう。所属した連は吉原連だった。

馬琴などは、蔦唐丸が詠んだ狂歌は代作と証言する（曲亭馬琴『近世物之本江戸作者部類』）。だが、重三郎には俳句を嗜《たしな》むなどの文才があり、その証言には疑問符が付けられている。総じて、馬琴の重三郎への評価は辛《から》いが、これも両者の微妙な関係が窺えるエピソードの一つであろう。

❖狂歌会を企画したイベントプロデューサーとしての顔

赤良たちに代表される売れっ子作家となると、執筆が遅れるのは避けられなかった。『狂歌才蔵集』にしても、重三郎が執筆を依頼したのは天明三年だったものの、出版できたのは四年後の同七年のことである。

そのため版元としては、売れっ子作家の作品を世に早く出すには一工夫必要だったが、狂歌本の場合は、狂歌が揃えば出版が見えてくる。原稿が出来上がるのを辛抱《しんぼう》強く待たなくてもよかった。

本来、狂歌は、個人がその時々の感興《かんきょう》に従って詠むべきものとされていた。だが、天明狂歌の時代に入ると、狂歌会などと称して狂歌師たちが集まり、自作の狂歌を披露し合うスタイルが生まれる。

こうしたイベントは世間から注目され、狂歌ブームを後押ししたが、狂歌本を出版したい版元はこれに目を付ける。狂歌師を集めて狂歌を詠む場をお膳立《ぜんだ》てし、そこで詠まれた狂歌を、そのまま書籍化してしまえばよいからだ。

まさに版元主導の出版であり、そこではイベントプロデューサー的な役割が版元に求められた。その能力をいかんなく発揮して狂歌本の出版につなげた版元こそ、重三郎であった。

天明五年十月十四日、重三郎の主催で狂歌会が開かれた。百の化け物をテーマとして狂歌を詠む企画だった。集まったのは狂歌師の赤良、平秩東作、唐来参和《とうらいさんな》、宿屋飯盛たちで、戯作者の山東京伝も参加していた。

重三郎の仕切りで開かれた狂歌会で詠まれた狂歌は、早くも同年冬に出版された『狂歌百鬼夜狂』に収録される。序文を赤良、跋文を橘洲に執筆させることで二人の関係修復を狙った狂歌本だったことは、先に述べた。

同書は、狂歌会を通じて書籍化された事例の一つだが、そんな商魂《しょうこん》たくましい重三郎の姿を活写した作品まで登場する。その前年にあたる同四年（一七八四）正月に、岩戸屋《いわとや》から出版された恋川春町の作画による黄表紙『吉原大通会《よしわらだいつうえ》』である。

同書では、赤良をはじめとする十一人の狂歌師と蔦唐丸が一堂に会する場面が描かれているが、これが実に興味深い。右手に硯《すずり》、左手に紙を持ちながら、今詠んだ狂歌をすぐ書いて欲しいと、唐丸が狂歌師たちに求めている。唐丸の仮面を被《かぶ》った、版元・蔦屋重三郎の姿そのものだ。

狂歌会などのイベントを企画することで書籍化を実現させた重三郎が得たものは、狂歌本だけではない。イベントに参加した狂歌師と直接交流することで、次の狂歌本への布石《ふせき》を打つことができた。戯作者としても活躍する狂歌師ならば、狂歌会を通して得た人脈は黄表紙や洒落本の出版にもつながる。重三郎にとって、出版につなげる人脈、ネットワークの拡大にも役立つイベントであった。

また、参加者にとっても、狂歌会は互いに交流を深める貴重な機会となる。いわば、サロンのような空間だったのである。

❖狂歌師と浮世絵師のコラボで狂歌絵本を編み出す

天明期も後半に入ると、空前の盛り上がりを見せた狂歌ブームは鎮静化《ちんせいか》していくが、重三郎は狂歌本に新たな手法を持ち込むことで、てこ入れをはかる。絵も加えることで狂歌絵本

『吉原大通会』に描かれた11人の狂歌師と蔦唐丸（国立国会図書館蔵）

というジャンルを編み出したのだ。なかでも、天明六年（一七八六）に出版した宿屋飯盛撰の『吾妻曲狂《あずまぶりきょう》歌文庫《かぶんこ》』は、大ヒット作となる。

この狂歌絵本は、当時を代表する狂歌師五十人の肖像画にそれぞれの狂歌を添えた多色摺《ず》りの絵本である。狂歌師の肖像画は、歌仙絵《かせんえ》（歌人の肖像画にその代表的な和歌と略歴を書き添えた絵）を真似て描かれた。絵は浮世絵師の北尾政演（山東京伝）の担当で、狂歌師の肖像画と狂歌各一首が、半丁ずつ収録される構成だった。

同年に出版した狂歌絵本としては、四方山人《さんじん》（四方赤良）撰の『絵本八十宇治川《えほんやそうじがわ》』や、都多（蔦）唐丸撰の『絵本江戸爵《えほんえどすずめ》』などもある。『絵本八十宇治川』の絵は北尾重政、『絵本江戸爵』の絵は喜多川歌麿が描いている。

『吾妻曲狂歌文庫』のヒットを受けて、二匹目のドジョウを狙った重三郎は、翌天明七年に収録する狂歌師を百人に増やした『古今狂歌《こきんきょうか》袋《ぶくろ》』を出版する。前作同様、撰者は飯盛、絵は政演の担当だった。これもヒットする。その後も狂歌絵本を次々と出版し、重三郎は狂歌本の市場を完全にリードする。

狂歌師と浮世絵師をコラボさせることで狂歌絵本を誕生させた重三郎だが、歌麿を抜擢《ばってき》したことは注目される。『絵本江戸爵』では江戸の名所を歌麿に描かせ、それに合わせて蔦唐丸として撰《えら》んだ狂歌を配した。自分が撰者の狂歌絵本で、歌麿をプッシュしたい意図が見え隠れする。

これを皮切りに、歌麿の絵が入った狂歌絵本が次々と出版される。寛政元年（一七八九）に出版された菅江撰の『潮《しお》干《ひ》のつと』は、菅江をはじめとする狂歌師三十六人が、房総《ぼうそう》半島の袖《そで》ケ《が》浦《うら》で開いた狂歌会で詠んだ狂歌を集めた作品だった。同書には、潮干狩りにちなんだ各自の狂歌が一首ずつ収められ、歌麿の絵と組み合わせる構成になっている。

潮干狩りで得られた様々な貝殻《かいがら》の絵が色とりどりに配されており、狂歌よりも鮮やかな絵の方に目がいく。狂歌よりも絵が主役となっているが、それが重三郎の狙いだったのだろう。

狂歌と歌麿の絵を組み合わせた狂歌絵本としては、天明八年に出版された飯盛撰の『画本《えほん》虫撰《むしえらみ》』もある。前年の八月十四日、飯盛は、狂歌師仲間と一緒に虫をテーマとする狂歌会

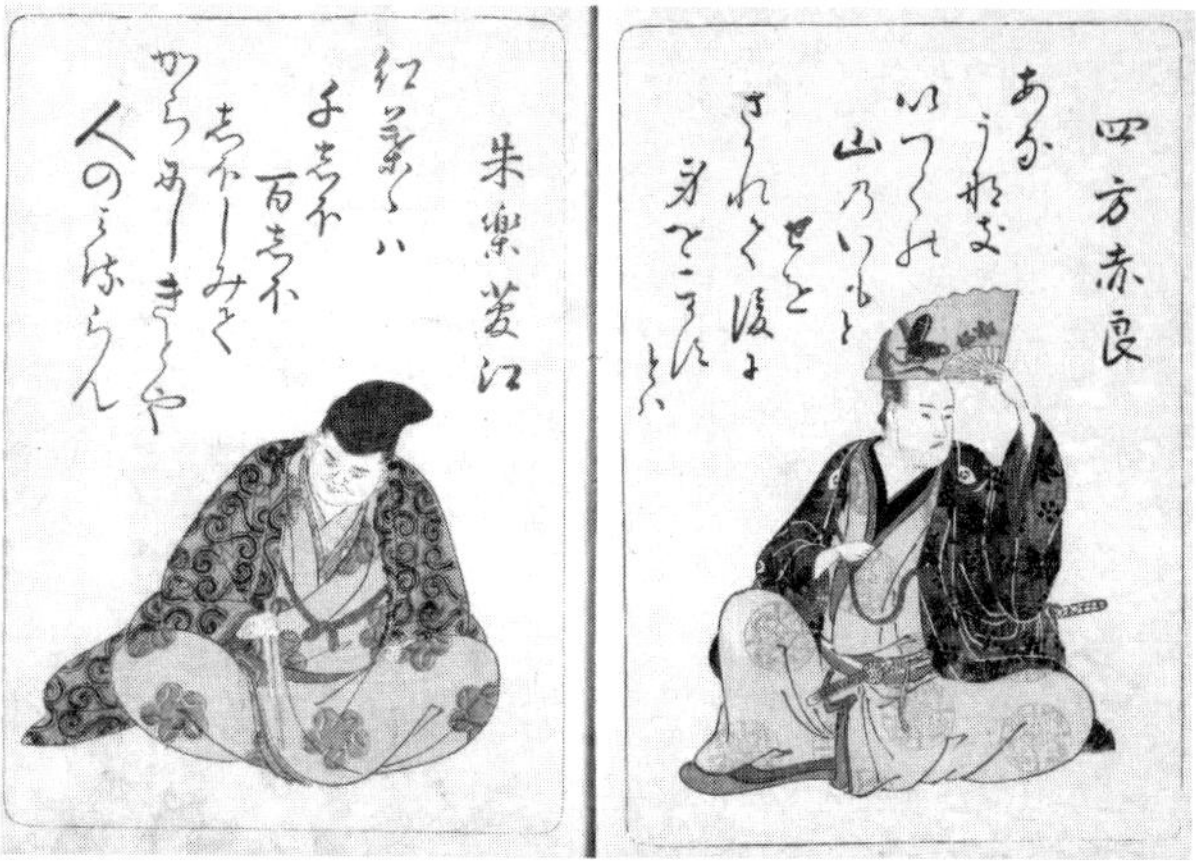

『吾妻曲狂歌文庫』（東京都立中央図書館蔵）

を隅田川堤《すみだがわつつみ》（墨堤《ぼくてい》）で開いた。創作に際しては恋の心情を詠み込むことも課題としており、つまりは虫にちなんだ恋の狂歌を詠むことを求めた。

一方、歌麿は、飯盛撰の狂歌の内容に合わせ、それぞれ虫と草花をあしらった絵を描くよう重三郎から指示された。浮世絵師としての力量が問われる仕事であったが、その表現力の素晴らしさで歌麿の評価は高まる。

狂歌絵本を通して、浮世絵師としての歌麿の名は広く知られるようになる。その先には、重三郎プロデュースによる美人画の出版があった。

3 強力にプッシュした浮世絵師・喜多川歌麿

❖錦絵の誕生

重三郎が世に出した文化人は多いが、浮世絵師でいえば歌麿と、第六章で登場する東洲《とうしゅう》斎写楽《さいしゃらく》が双璧《そうへき》である。写楽の作品は浮世絵に限られるが、歌麿は、重三郎の主力商品となった狂歌絵本や黄表紙の挿絵も数多く手がけており、重三郎の出版活動においてなくてはならない存在だった。

歌麿の生年ははっきりしていないが、宝暦三年（一七五三）生まれとされ、重三郎より三歳年下だった。出生地は江戸、川越《かわごえ》、京都など諸説ある。

浮世絵師の略伝・作風などを考証した史料に、『浮世絵類考《うきよえるいこう》』がある。大田南畝が編纂したものを原型として、山東京伝、式亭三馬《しきていさんば》、斎藤月岑《さいとうげっしん》ら文化人が補訂《ほてい》や増補《ぞうほ》を加えた。浮世絵研究の基本史料とされている。

同書によれば、歌麿の名前は勇助という。町人・農民の家に生まれたのか、武士の家に生まれたのか、その出自《しゅつじ》は定かではない。少年の頃、浮世絵師の鳥山石燕に入門して狩野《かのう》派の絵を学んだ。門人には恋川春町、歌川《うたがわ》派の祖となる歌川豊春《とよはる》などがいた。

歌麿のデビュー作は、明和七年（一七七〇）に出版された歳旦帳《さいたんちょう》『ちよのはる』の挿絵である。俳諧《はいかい》の宗匠《そうしょう》などが、年頭にあたり、一門が詠んだ歳旦（元旦）や歳暮の発句《ほっく》を集めたものが歳旦帳で、歌麿は茄子《なす》を詠んだ句に寄せて茄子の絵を描いている。当時の画号は「石要」だった。

その後、歌麿は「北川豊章」の画号で、黄表紙の挿絵を数多く描く。師匠の石燕は人気絵師であり、その紹介で仕事をこなしたのだろう。

歌麿がデビューした明和年間（一七六四〜七二年）は、多色摺りの浮世絵木版画である錦絵が誕生した時期だった。当世風俗を描いた浮世絵は、墨《すみ》一色の墨摺りからはじまり、時代が下ると、紅を中心に彩色した紅絵《べにえ》、墨の面に漆《うるし》のような光沢を持たせた漆絵《うるしえ》が登場する。その後、三、四色を摺る紅摺絵《べにずりえ》が開発され、さらに七、八色もの、豊富な色を費《つい》やした多色摺りへと発展。ここに錦絵が誕生する。

錦絵草創期《そうそうき》の浮世絵師といえば、美人画の作品で知られる鈴木春信《すずきはるのぶ》だ。美人画とは女性の美しさを強調して描いた絵のことで、春信は、盛り場の水茶屋で給仕する看板娘を描いて人気を博した。笠森《かさもり》お仙《せん》はそんな看板娘の一人である。

一連の春信作品の人気を受けて、浮世絵師は錦絵に続々と進出する。歌麿もその一人だった。

❖蔦屋の出版物のメイン絵師となる歌麿

歌麿の名前がはじめて登場するのは、天明元年春に重三郎が出版した黄表紙『身貌大通神《みなりだいつうじん》略縁起《りゃくえんぎ》』である。この年より歌麿の画号を使いはじめたが、同書の作者は、石燕門下でありながら文才を発揮した志水燕十《しみずえんじゅう》で、同門ということで挿絵を担当したのかもしれない。歌麿にとり、重三郎との最初の仕事だった。

当時、重三郎が頼りにしていた浮世絵師といえば、北尾重政であった。版元としてのデビュー作となった遊女評判記『一目千本』以来、出版物の挿絵を数多く手がけたことは先に述べた。

錦絵で一世を風靡《ふうび》した春信が明和七年にこの世を去ったため、歌麿がデビューした頃の浮世絵界は、重政と勝川春章《かつかわしゅんしょう》（勝川派の祖）が牽引していた。安永五年（一七七六）、重三郎は山崎金兵衛《やまざききんべえ》と共同で、重政と春章の合作『青楼美人合姿鏡《せいろうびじんあわせすがたかがみ》』を出版している。吉原の遊女たちの艶姿《あですがた》を描いた錦絵本で、重三郎の初期出版物のなかでは評価が高い作品である。相版《あいはん》の金兵衛は日本橋《にほんばし》の本石町《ほんごくちょう》の版元だった。

浮世絵界を牽引する二人のうち、重三郎は重政との関係が深く、弟子の政演にも黄表紙などの挿絵を依頼した。当時、歌麿は重政のもとに出入りしており、その弟子同然だったという。重三郎の目に留《と》まるのは時間の問題であった。

ただし重三郎は、当初は歌麿よりも、政演の方を評価していた。大ヒットした天明六年出版の『吾妻曲狂歌文庫』は、重三郎にとり最初の多色摺りの狂歌絵本であった。この絵師として白羽《しらは》の矢《や》を立てたのは政演である。翌天明七年の『古今狂歌袋』でも、同じく政演を起用した。

一方、同じ天明六年に出版した『絵本江戸爵』では歌麿を起用したものの、これは墨摺りの狂歌絵本であった。翌七年の『絵本詞《ことば》の花』の挿絵も歌麿に担当させたが、同じく墨摺りだった。歌麿には多色摺りに挑戦させなかったことに、画才では政演の方が上という、重三郎の評価が透けてくる。

ところが、天明八年以降の狂歌絵本については、政演に挿絵を依頼することはなく、歌麿が独占的に挿絵を担当している。なかでも、先に挙げた『潮干のつと』や『画本虫撰』といった、多色摺りの挿絵は歌麿の評価を上げた。

政演には文才を発揮させたいとの目論見《もくろみ》が、重三郎にはあったのだ。山東京伝として黄表紙や洒落本を執筆させ、その目論見どおり、京伝は文章がメインの洒落本で第一人者となる。そしてその挿絵を政演として描かせるというように、両方を一人で担当させる場合が多かった。

一方で、歌麿は政演に代わり、重三郎の出版物ではメインの絵師として画筆をふるうようになるのである。

歌麿がライバル視した美人画の浮世絵師・鳥居《とりい》清長《きよなが》

重三郎が黄表紙の挿絵に歌麿をはじめて起用したのは天明元年春のことだが、その翌年の秋、歌麿は戯作者や狂歌師、浮世絵師を招いて宴《うたげ》を設《もう》けている。当日は、戯作者の喜三二や春町、狂歌師の赤良や菅江、浮世絵師の重政や春章など当代きっての文化人が集まり、大盛況であった。

主催者たる歌麿は絵師としてデビューしたものの、世間的には無名で、代表作もないため、出版界では駆《か》けだしの存在であった。かたや参加メンバーをみると、歌麿の名前で集めるのは難しいメンツで、まったく釣《つ》り合いが取れていない。これには裏があったとされる。

この宴は歌麿主催ではあったものの、実際に音頭《おんど》を取ったのは重三郎だったという。重三郎としては、歌麿の名前で当代きっての文化人を集めることで、その格上げをはかろうとしたのだろう。名立たる文化人と引き合わせることにより、彼らとの仕事の機会を作ろうとした狙いも読み取れる。

重三郎が通油町に拠点を移して、地本問屋の仲間入りを果たした天明三年頃には、歌麿を自分のもとに寄寓《きぐう》させている。生活面の面倒もみたのだ。

さらに、自分が所属していた狂歌師のグループ・吉原連に参加させた。狂名は筆綾丸《ふでのあやまる》である。

重三郎が強力にプッシュするなか、歌麿は画号を喜多川歌麿と改める。喜多川姓は重三郎の本姓であり、蔦屋重三郎との関係をアピールしたい歌麿の思惑《おもわく》が透けてくる。

その後、重三郎がメインの絵師として画筆をふるわせることで、歌麿の知名度は上がっていく。歌麿も重三郎の期待に応えるべく精進《しょうじん》したはずだ。だが、同年代の浮世絵師として、歌麿の先を行く人物がいた。その名を鳥居清長《とりいきよなが》という。歌麿より一歳年上だった。

宝暦二年（一七五二）、清長は、書店を営む関口市兵衛の子として本材木町《ほんざいもくちょう》（現中央区日本橋）に生まれた。鳥居派三代目当主・清満《きよみつ》の門に入った清長は、明和四年にデビューし、安永年間（一七七二～八一年）は、鳥居派の御家芸であった役者絵を主に発表した。役者絵とは、歌舞伎《かぶき》役者を描いた浮世絵のことである。

ところが、安永後期からは美人画に力を入れるようになる。その作品はたいへんな人気を博し、清長は美人画の第一人者として名声を得た。浮世絵に加えて黄表紙の挿絵も描いたが、その画才を西村屋与八《にしむらやよはち》は高く評価していた。

西村屋与八は江戸を代表する地本問屋の一人である。重三郎とは浅からぬ因縁《いんねん》を持つ鱗形屋《うろこがたや》孫兵衛《まごべえ》の次男に生まれ、西村屋に養子に入った人物だった。清長の美人画を数多く出版したことで知られた西村屋は、安永九年に十種もの黄表紙の挿絵を依頼している。かたや、歌麿には四種の黄表紙の挿絵を依頼している。歌麿は重三郎との関係が語られることが多いが、画才に注目したのは与八の方が先であった。

しかし、依頼した黄表紙の数が示すように、西村屋は清長の方を高く評価していた。清長に密《ひそ》かに対抗心を燃やす歌麿としては、面白くなかっただろう。

天明年間に入ると、歌麿は西村屋からの仕事が途絶《とだ》えていく。西村屋と縁遠くなったこともあって、重三郎の庇護《ひご》のもと実績を積むことになる。

浮世絵の市場にも本格的に参入しようとはかる重三郎にとり、その前に立ち塞《ふさ》がっていたのが、清長を擁する西村屋だった。これに対抗すべく、その尖兵《せんぺい》として、大いに期待を寄せたのが歌麿なのである。

❖美人大首絵《おおくびえ》で名声を得る

清長の美人画の特徴は、江戸の名所を背景に、長身で健《すこ》やかな八頭身の女性を、大判（縦約三十九センチ、横約二十六・五センチ）のサイズで描いたことにあった。その作風は清長風と呼ばれた。明治に入ると、清長が描いた美人画の女性は、天明のヴィーナスとまで称される。

重三郎は、手塩にかけて育てた歌麿を擁して浮世絵のマーケットに参入する。だが、当初は劣勢だった。清長に比べれば、知名度が落ちることは否《いな》めず、さらに技量的にも及ばないと思ったのではないか。

よって、狂歌絵本などの挿絵を数多く描かせることで、歌麿の画才を磨く戦略を取る。重三郎の期待どおり、歌麿が挿絵を担当した狂歌絵本は好評をもって迎えられ、その評価は高まる。

その上で重三郎は、歌麿に美人画を描かせたが、ある工夫を施《ほどこ》している。勝川派の役者絵で用いられた、「大首絵《おおくびえ》」の手法を取り入れさせた。大首絵とは、人物の上半身を大きく描くとともに、その顔の表情を特に強調して描いた作品である。

全身像で一世を風靡した清長の美人画とは、まさに対照的な構図だった。さらに、清長が女性を無表情に描いたのに対し、歌麿は性格や心情などの内面が滲《にじ》み出るように描いており、その点でも対照的であった。

歌麿は、重三郎との共同作業により、「美人大首絵」という新たな浮世絵のジャンルを編み出し、大きな反響を呼ぶ。これが決め手となって、重三郎は、清長を擁する西村屋とのマーケット争いに勝利した。歌麿も清長に代わって、美人画の第一人者へと躍り出る。
浮世絵でも重三郎はプロデュース力を発揮した。浮世絵師・喜多川歌麿の名前を不朽《ふきゅう》のものとしたのである。

4 吉原と持ちつ持たれつの重三郎

❖吉原の利権を脅《おびや》かす岡場所《おかばしょ》の賑わい

「吉原細見」だけでなく、黄表紙や洒落本、狂歌本（絵本）、そして浮世絵といった、売れ筋のジャンルでもマーケットを牽引する存在となった重三郎だが、天明三年に江戸の中心・日本橋に拠点を移してからも、吉原との関係は引き続き強固だった。

かたや吉原にとっても、重三郎の存在は大きかった。表向きの繁栄とは裏腹に、商売敵《がたき》の台頭《たいとう》により、吉原の利権が脅《おびや》かされていたからである。

江戸では吉原でのみ遊女商売が公認され、吉原以外での遊女商売は一切禁止されているはずだった。しかし、それはまったく守られていなかった。非合法な遊女商売が、寺社の門前や江戸四宿《ししゅく》（東海道品川宿《とうかいどうしながわじゅく》・中山道板橋宿《なかせんどういたばしじゅく》・日光《にっこう》〈奥州《おうしゅう》〉街道千住宿《かいどうせんじゅじゅく》・甲州街道内藤新宿《こうしゅうかいどうないとうしんじゅく》）

で、半《なか》ば公然と行われていた。

料理茶屋や水茶屋・煮売《にうり》茶屋、あるいは旅籠屋《はたごや》の看板を掲げつつ、給仕する女性を遊女として働かせたのである。このような非合法な遊女商売が行われた場所を、人々は岡場所《おかばしょ》と呼んだ。

幕府公認の吉原の遊女が「公娼《こうしょう》」と呼ばれたのに対し、非公認の岡場所の遊女は「隠売女《かくしばいじょ》」「私娼《ししょう》」などと呼ばれた。遊客にとっての岡場所の魅力とは、何よりも揚《あ》げ代《だい》の安さに尽きた。

吉原の遊女にはランクがあり、中級ランクの「座敷持《ざしきもち》」と呼ばれた遊女の揚げ代は、金一両の半分にあたる金二分である。一方、深川《ふかがわ》にあった岡場所の場合、その揚げ代は一両の五分の一にあたる銀十二匁《もんめ》が相場で、吉原の半額以下だった。

その上、吉原と違って、「台の物」と呼ばれた料理を別に頼む必要はなく、芸者・幇間《ほうかん》に祝儀《しゅうぎ》を払う必要もなかった。吉原で遊ぶよりもはるかに安くて済んだ。引手《ひきて》茶屋を通すなどの面倒な手続きも不要であった。

江戸市中の各所に散在していたことも大きい。わざわざ江戸郊外の吉原まで出向かずとも、近くの岡場所に通えばよかった。

こうして、江戸各所の岡場所はたいへん繁昌《はんじょう》するが、市中の取り締まりにあたる町奉行《まちぶぎょう》所《しょ》からすれば、吉原以外での遊女商売の横行は、容認できるものではない。遊女商売の独占を許された吉原にしてみれば、岡場所の存在自体が営業妨害である。死活問題に他ならず、町奉行所に取り締まりを強く求めた。

だが、寺社の門前は寺社奉行の支配地であるため、町奉行所の役人は直接踏み込めず、取り締まりは徹底を欠く。寺社奉行所の役人の了解を得ている間に逃げられてしまい、いたちごっこに終始していた。

江戸近郊の江戸四宿でも遊女商売が横行していた。その根本的な原因は、幕府が旅籠屋に飯盛女を置くのを認めたことにあった。飯盛女の仕事は、表向きは宿泊客に御飯を盛ることだったが、その裏で遊女として働くのを黙認したからである。

❖吉原のメディア戦略を担《にな》う

商売敵の岡場所から営業妨害を受けていた吉原では、幕府に取り締まりを求める一方で、生き残りを賭けた営業戦略を展開している。

まずは集客アップのためのイベントが企画されたが、吉原オリジナルのイベントといえば、春の花見、夏の玉菊燈籠《たまぎくどうろう》、秋の俄《にわか》が代表格である。春の花見とは桜の花見のことだが、もともと吉原にあった桜ではない。花見の時期が近づくと、植木屋が吉原のメインストリートである仲《なか》の町《ちょう》まで桜の木を運び込み、植え込んだ。桜の根元には、ぼけの花も植えられた。夜桜も楽しめるよう、行燈《あんどん》も六尺《しゃく》（約一・八メートル）間隔で置かれた。

イベントの企画だけではない。吉原に関する情報を発信し、その周知徹底を目指すメディア戦略も展開した。岡場所との熾烈《しれつ》な競争を勝ち抜くため、宣伝に力を入れ、出版物を通して集客アップを目論《もくろ》む。

吉原に関する情報誌といえば「吉原細見」である。重三郎が版元として出版する以前は、遊客が知りたい基本情報は掲載されていたものの、吉原そのものを宣伝する媒体《ばいたい》としては、発信力が弱かったとされる。要するに、遊女の名前などのリストにとどまったため、インパクトに欠けた。吉原を地盤とする版元の製作ではないため、そのぶん地元愛がなかったのだろう。宣伝媒体として期待する吉原からすると物足りない内容であった。

そんな吉原の不満を背景に、重三郎は「吉原細見」の編集で様々な工夫を施す。第一章で指摘したような、わかりやすく見やすくするためのリニューアルに加え、質的なレベルアップをはかった。朋誠堂喜三二など、当代一流の文化人に序文を執筆させることで、吉原のイメージアップにつなげたのだ。吉原からすると、重三郎は頼りになる版元であった。

重三郎が、夏の玉菊燈籠や秋の俄に関するガイドブックを出版したことも先に述べた。これは、イベント情報の周知徹底を目指す吉原からの要請《ようせい》で製作したものである。それだけ、重三郎に寄せる期待は大きかった。

重三郎が出版した山東京伝の洒落本は、江戸市中で大きな話題を呼ぶ。洒落本は吉原を舞台とした小説であるから、ヒットすればするほど、吉原の宣伝となった。

カラフルな浮世絵も、吉原の強力な宣伝媒体となっていた。歌麿が得意とした美人画は、吉原の遊女がモデルとなることが多かった。人気絵師のモデルとなれば江戸の話題をさらい、その遊女屋の営業成績もアップしたことは疑いない。ひいては、吉原の賑わいも増した。

歌麿が描いた遊女は、玉屋《たまや》や扇屋《おうぎや》など、吉原の代表的な遊女屋に所属していた。その主人がスポンサーとなって製作費を負担し、重三郎を通じて歌麿に描いてもらったのだろう。

浮世絵の価格は、時期により異なるが、物価が高騰《こうとう》した幕末では一枚二十四文が相場だったという。(大久保純一『カラー版 浮世絵』)。それでも、かけ蕎麦《そば》一杯の値段より少し高いぐらいであり、庶民でも入手できた。それだけ大量に摺られたのであり、その宣伝効果は絶大だった。もちろん、サイズで価格は異なり、手の込んだ彫《ほ》りや摺りであれば、その分高くなった。

吉原はイベントの開催に加え、地元出身の版元である重三郎を担い手とするメディア戦略を展開したわけだ。これは非合法の岡場所ではできない芸当であった。岡場所とのマーケット争いにおける一連の宣伝戦で、重三郎が果たした役割は実に大きかった。

❖文化サロンとしてのイメージを発信する吉原

重三郎は、吉原をテーマとする出版物によるPR活動を通じて、集客アップに貢献《こうけん》した。だが、吉原は単なる遊興《ゆうきょう》の場ではない。江戸の文化人の社交場、サロンとしての顔も持つ江戸有数の文化街だった。そんな環境を最大限に活用することで、文化人との人脈を拡大し、書籍化へとつなげたのが重三郎であった。

吉原を舞台とする文化人交流については、次のような事例が知られている。

天明二年十二月十七日に、戯作者の春町、狂歌師の四方赤良・朱楽菅江・元木網・唐来参和、浮世絵師の北尾重政・政演・政美《まさよし》らが、吉原の重三郎のもとを訪れた。河豚汁《ふぐじる》を食べる約束を果たすためである。河豚汁を食べた後は、吉原の遊女屋大文字屋《だいもんじや》に登楼《とうろう》した（松木寛『蔦屋重三郎』）。大文字屋の主人加保茶元成は、吉原連を率いた狂歌師でもあった。

赤良の『巴人集《はじんしゅう》』によれば、翌三年正月七日に赤良、菅江、蔦唐丸らが吉原の遊女屋（五明楼《ごめいろう》）の主人の招待で狂歌を詠んでいる（『大田南畝全集』第二巻）。扇屋の主人は棟上高見《むねあげのたかみ》の狂名を持つ狂歌師であった。この日、吉原で狂歌会が開かれたことがわかる。

このような文化人たちの交流は、文化サロンとしての吉原を、江戸の社会に向けてアピールするものとなり、そのイメージアップにつながったことだろう。

『吉原大通会』では、重三郎が、吉原での狂歌会を利用して狂歌本の書籍化を進めようとする姿が描かれたが、それはまさに文化サロンのイメージを視覚化した挿絵に他ならない。吉原で文化人との交流を深めることで重三郎の出版事業には追い風が吹いたが、かたや吉原は、重三郎の御蔭《おかげ》で文化サロンとしてのイメージアップになっただろう。

いわば、重三郎と吉原はウィンウィンの関係だったのである。

第四章

なぜ田沼時代は終わってしまったのか？

——庶民が天変地異や物価高騰《こうとう》に苦しんだ時代

1 異常気象による大凶作《だいきょうさく》

❖天明《てんめい》の大飢饉《だいききん》

田沼時代という進取の気性に富む時代の波に乗って、蔦屋重三郎は新しいジャンルに次々と挑戦した。話題を呼ぶ作品を矢継《やつ》ぎ早《ばや》に出版し、江戸の文化を活性化させた。

しかしながら、重三郎が出版界の風雲児《ふううんじ》として、飛ぶ鳥を落とす活躍を見せた天明年間《てんめい》（一七八一～八九年）は、天変地異が相次いだ時代でもあった。社会や政治が混迷《こんめい》を深めるなか、田沼意次は幕府トップの座から転げ落ちて失脚《しっきゃく》し、田沼時代も終焉《しゅうえん》を迎える。

近年は地球温暖化の危機が叫ばれて久しいが、江戸時代は現代に比べると総じて気温が低く、歴史気候学の成果によると小氷期《しょうひょうき》（江戸小氷期）に分類されている。いわゆる寒冷期にあたった。

歴史教科書では、江戸の三大飢饉《ききん》として、享保《きょうほう》・天明・天保《てんぽう》の大飢饉が取り上げられるが、冷害を原因とする凶作《きょうさく》がきっかけで、飢饉に陥《おちい》ることは少なくなかった。さらに、風水害や地震、噴火《ふんか》などの天災が重なることで、大飢饉となってしまう。

米価をはじめとする諸物価が軒並み高騰《こうとう》するのは避けられなかった。これに目を付けた商人による米穀の買い占めが、事態をさらに悪化させる場面も各所でみられた。

享保の大飢饉は、享保十七年（一七三二）の気候不順で作物が生育不良だったことに加え、畿内以西が大規模な蝗害《こうがい》に見舞われたことが大きかった。イナゴ（あるいはウンカ）が稲《いね》を食い尽くしてしまったのだ。幕府が把握した数字だけでも、餓死者は一万二千人余、死んだ牛馬も一万四千頭を超えた。二百六十五万人近くが飢えに苦しんだ。

時に、八代将軍・吉宗《よしむね》による享保改革の最中だった。幕府は急ぎ西国《さいごく》に大量の米を送らせ、拝借金を許可したため、翌十八年（一七三三）には事態は鎮静化《ちんせいか》する。

ところが、この廻米《かいまい》の煽《あお》りを受けて、今度は江戸が米不足となり、米価が高騰した。市中が不穏《ふおん》な状況に陥《おちい》るなか、本船町《ほんふなちょう》（現東京都中央区《ちゅうおうく》日本橋本町《にほんばしほんちょう》、日本橋室町《むろまち》）の米問屋《こめどんや》・高《たか》間伝兵衛《までんべえ》が米を大量に買い占めているという噂《うわさ》が広まる。

正月二十五日（二十六日ともいう）夜、これに怒った窮民《きゅうみん》たちは伝兵衛の店を打ちこわした。家財道具を壊して川に投げ捨て、帳簿《ちょうぼ》も破り捨てた。この事件は江戸で起きた最初の打ちこわしとされるが、将軍のお膝元《ひざもと》で起きた米騒動であり、幕府に強い衝撃を与える。

その後は豊作も続いたことで、逆に米価は低落した。年貢米《ねんぐまい》を換金して歳入に充《あ》てた幕府からすれば、米価の低落は歳入の減少に直結する容易ならぬ事態だった。幕府は、市場に流通する米を大量に買い上げるなどして米価の引き上げに奔走《ほんそう》する。ところが、天明年間に入ると事情が一変する。

天明二年（一七八二）より冷害による凶作が深刻化し、東北や関東を中心に大飢饉となったからだ。いわゆる天明の大飢饉である。

天明年間に入る前から冷害に苦しんでいた東北の被害は、特に大きかった。津軽《つがる》藩だけで、死者は十万人に達したともいう。『解体新書《かいたいしんしょ》』の翻訳《ほんやく》で知られる蘭方医《らんぽうい》の杉田玄白《すぎたげんぱく》は、著作『後見草《のちみぐさ》』で、何もかも食べ尽くした果てに人の屍肉《しにく》をすすった飢民《きみん》の話、犬の肉と偽《いつわ》り人肉が売られた話などを紹介している。東北諸藩は領外への米の移出を厳禁するなど、米穀の確保に奔走するも、状況はなかなか好転しなかった。

浅間山《あさまやま》の大噴火《だいふんか》

天明の大飢饉と呼ばれるほどの惨状《さんじょう》を呈《てい》した背景として、天明三年（一七八三）四月から七月にかけての浅間山《あさまやま》の噴火《ふんか》は外《はず》せない。

浅間山は、上野《こうずけ》・信濃《しなの》両国（現在の群馬・長野両県）にまたがる標高二千五百六十八メートルの活火山である。古来より噴火を繰り返したが、天明三年の大噴火は「天明の浅間焼け」と呼ばれている。

この年の噴火は四月九日にはじまった。六月下旬より噴火の頻度《ひんど》が増し、七月五日（六日ともいう）からは噴火と火砕流《かさいりゅう》が繰り返された。その後、同七日夜から翌八日朝にかけて噴火の最盛期を迎える。

成層圏まで上昇した噴煙は偏西風《へんせいふう》に流され、軽石《かるいし》や火山灰が関東一円に降り注《そそ》いだ。一方、山腹には火砕流や溶岩が流れ出し、現在観光地となっている鬼押出《おにおしだ》しが造られた。火砕流に呑《の》まれた北麓《ほくろく》の鎌原村《かまはらむら》（現群馬県嬬恋村《つまごいむら》）などは、人口五百七十人のうち死者が四百七十七人、馬二百頭のうち百七十頭が死んだ。九十三軒の家屋はすべて倒壊。荒廃地は村の耕地の九十五％以上にも及ぶという、甚大《じんだい》な被害を被《こうむ》った。

さらに、成層圏まで達した火山灰が太陽の光を遮《さえぎ》って気温の低下を引き起こしたことが、冷害を拡大させた要因の一つに挙げられている。浅間山の噴火は天明の大飢饉の背景の一つでもあった。

浅間山噴火の被害は遠く江戸にも及んだ。当時江戸にいた杉田玄白はリアルタイムで経験しており、著書の『後見草』で以下のように証言する。

七月六日夜半、西北の方向に雷《かみなり》のような音と振動を感じた。夜が明けても、空はほの暗かった。庭に細かい灰が降り、その灰は次第に大粒となった。八日は早朝から激しい震動が江戸を襲《おそ》った。人々は浅間山の噴火によるものとは思わず、日光《にっこう》か筑波山《つくばさん》で噴火があったのではと噂した。やがて、関東各地から浅間山噴火の情報がもたらされた。

（杉田玄白『後見草』）

『後見草』は、亀岡宗山《かめおかそうざん》という幕臣の残した明暦《めいれき》の大火に関する記録を入手した玄白が、宝暦《ほうれき》十年（一七六〇）から天明七年（一七八七）までの地震や大火、飢饉などの天変地異を書き留《と》めた手記を増補《ぞうほ》し、一書にまとめたものである。当時の世相が窺《うかが》える貴重な証言も収められている。

❖連鎖《れんさ》的に起きた米騒動

浅間山噴火による降灰が集中的にみられたのは、その東側に位置する上野、特に西上野だった。偏西風の影響を受けたからである。その状況は「地に青草なし」と表現されるほどで、農作物は全滅。生活物資の流通を支えた中山道《なかせんどう》や各街道の交通は途絶した。流通が止まったことで、米価をはじめ諸物価は高騰する。信濃からの米に依存する西上野の農民は飢えに苦しんだ。

米価高騰に拍車をかけたのが、商人による米の買い占め、売り惜しみであった。米価を釣《つ》り上げて暴利をむさぼろうと目論《もくろ》む商人に対し、追い詰められた農民たちの怒りが爆発する。

ついに九月二十九日より、西上野の農民たちは百姓一揆《ひやくしよういつき》（上信騒動《じようしんそうどう》と呼ばれる）を起こす。米価を釣り上げた商人たちの居宅《きよたく》を破壊し、あるいは焼き払った。米穀を買い占める商人たちに対して制裁を加えることで、市場への放出が進んで米価が下がるのを期待した。

その後、農民たちは中山道を西に向かう。十月二日には、碓氷峠《うすいとうげ》を越えて信濃の佐久《さく》郡に入った。信濃の農民たちも加わり、米価を釣り上げた商人たちの居宅を破壊し続けた。一方、信濃の諸藩は防備を固める。同六日に武力によって一揆勢を鎮圧《ちんあつ》することで、上野・信濃両国に及ぶ百姓一揆は終わった。

最終的に一揆を鎮圧できたとはいえ、幕府に与えた衝撃は大きかった。浅間山噴火の影響を最も受けた地域だったことが背景にあるとはいえ、広範囲にわたり商人たちの居宅を破壊してまわったことを重くみた幕府は、南北町奉行所の同心《どうしん》を現地に派遣し、一揆の頭取《とうどり》たちを厳しく吟味《ぎんみ》している。

一揆の原因となった米価の高騰は、何も上野・信濃二カ国だけの話ではなかった。天明の大飢饉に苦しむ東北や関東、そして江戸も例外ではない。既に東北では、天明三年七月に弘《ひろ》前《さき》藩、八月に盛岡《もりおか》藩と白河《しらかわ》藩、九月には仙台《せんだい》藩で、米価高騰に苦しむ窮民たちが、商人たちの居宅を打ちこわす事件が勃発《ぼっぱつ》していた。

米騒動の波が江戸にも及ぶのは時間の問題だった。他国米に依存する江戸は凶作や飢饉の影響を受けやすかったため、意次をトップとする幕府は、早急な対応に迫られた。

江戸の米価高騰と幕府の対応

天明三年七月二十五日、幕府は江戸の商人に向けて、米価や物価の引き下げを命じる。だが、この法令だけで事態が好転するはずもなく、様々な手を打つことになる。

十二月十七日、幕府は、城詰米《しろづめまい》の江戸への廻送を該当《がいとう》の諸藩に命じた。城詰米とは全国の幕府直轄《ちょっかつ》諸城のほか、主に譜代《ふだい》大名の居城に備蓄された米のことで、幕府財政の補塡《ほてん》及び江戸の町人たちへの御救米《おすくいまい》などに運用された。今回の城詰米の廻送は江戸の米価高騰を受けたもので、御救米としての使途が想定されていた。

江戸廻送の対象となった城詰米は、六十七藩二十四万三千八百六十三石《ごく》のうち、三十七藩十一万三千八百六十四石余にも達した。城詰米の約半分が江戸に送られたことになる。中部・近畿・中国・九州諸藩が主たる対象だった。東北・関東の諸藩も城詰米を備蓄していたが、米価高騰の状況を踏まえ、今回は対象からほぼ外された。

年が明けて翌四年（一七八四）正月六日、江戸の町奉行所は米問屋の米蔵を見分《けんぶん》している。その後も米蔵の見分が繰り返された。米を隠匿《いんとく》せず市中に売り出すよう、暗に督促《とくそく》したのである。同二十三日には米問屋や仲買たちを奉行所に呼び出し、米穀の販売を直接督促している。

幕府は、あの手この手を使って米価高騰の状況を打開しようとした。だが、効果はなかなか現われず、生活基盤が脆弱《ぜいじゃく》な町人たちの不満は溜《た》まる一方となる。

江戸近郊の町や村でも、米価は高騰を続けた。地元の商人による米穀の買い占めや売り惜しみ、米価を釣り上げる行為がみられたからだ。飢えに苦しむ農民たちの怒りは沸点《ふってん》に達し、二月二十八日には武蔵《むさし》国多摩《たま》郡中藤村《なかとうむら》（現東京都武蔵村山市《むさしむらやまし》）などで、商人たちの居宅が壊された。

江戸近郊でも一揆が起きたことを重くみた幕府は、再び町奉行所の同心を現地に派遣する。一揆は何とか鎮圧できたものの、幕府の危機感はいっそう高まる。

依然として米価の高騰は収まらず、江戸市中には不穏な空気が流れる。

そうしたなか、幕府の重職者が江戸城内で刺殺される大事件が起きる。幕府内に衝撃が走るが、意次にとってはまさに痛恨《つうこん》の出来事であった。

2 若《わか》年《どし》寄《より》・田沼意《おき》知《とも》刺殺事件の背景

意次が関与した将軍継嗣《けいし》の選定

意次が成り上がり者ながら幕府で権勢をふるうことができたのは、十代将軍・家治《いえはる》から絶大な信任を得ていたからである。幕府のトップである老中《ろうじゅう》に加え、側用人《そばようにん》を事実上兼任した特殊な立場が大きかったことは第二章で述べたが、田沼派ともいうべき人脈を、幕府内や諸大名との間に築いたことも見逃《みのが》せない。

御三家の一つ、紀州《きしゅう》家から宗家を継いで将軍の座に就《つ》いた吉宗は、御三家とは別に分家を立てる。吉宗の跡を継いで九代将軍となったのは嫡男《ちゃくなん》の家重《いえしげ》だが、その弟・宗武《むねたけ》と宗尹《むねただ》を分家させて十万石の大名に取り立て、田安徳川《たやすとくがわ》家と一橋《ひとつばし》徳川家を創設した。

家重には跡継ぎの長男・家治がいたものの、家重の血筋が絶えた時は田安家、あるいは一橋家にも将軍職を継ぐことができるよう目論んだのだ。両家創設の裏には、自分の子孫に将軍職を継承させたいという吉宗の意図があった。

将軍となった家重は、次男の重好《しげよし》を分家させて十万石の大名に取り立て、清水《しみず》徳川家を創設した。ここに、将軍の血筋が絶えた時は、田安家、一橋家、清水家から将軍継嗣《けいし》（世子《せいし》）を迎える、新たなルールが生まれた。御三家に対し、吉宗の血筋から生まれた三家は、御三卿《ごさんきょう》と称される。

意次の弟・意誠《おきのぶ》は、将軍継嗣の資格を持つ御三卿の一つ、一橋家に長く仕え、宝暦九年（一七五九）には家老《かろう》にのぼる。意次が弟を通じて一橋家との関係が深かったことは、後に大きな意味を持つ。安永《あんえい》二年（一七七三）に、意誠は兄・意次に先立って死去するも、跡を継いだ子の意致《おきむね》は、同七年（一七七八）に一橋家の家老となっている。

家治には、十一代将軍となる予定だった跡継ぎの家基《いえもと》がいた。ところが、翌八年（一七七九）二月に急死してしまう。血筋が絶えた家治は養子を迎えることを決め、意次をして将軍継嗣の選定にあたらせた。御三卿から選定するという新たなルールが適用された結果、一橋家当主・治済《はるさだ》の長男・豊千代《とよちよ》に白羽《しらは》の矢《や》が立つ。後の十一代将軍・家斉《いえなり》である。

それまでの意次と一橋家の関係が、決め手になったことは否《いな》めない。自分の後押しで将軍継嗣と決まれば、将軍・家斉の時代も引き続き権勢を握れるはずというヨミが意次にはあったのだろう。

天明元年（一七八一）閏《うるう》五月、家治の跡継ぎとなることが決まった豊千代は、江戸城西《にしの》丸御殿《まるごてん》に入り、十二月には家斉と名を改めた。一橋家家老だった意致は、次期将軍・家斉の御側御用取次《おそばごようとりつぎ》見習に転じ、翌天明二年四月には見習が取れて御側御用取次となる。家斉が将軍の座に就いた暁《あかつき》には、側近の筆頭格となる地位が約束されたはずであった。

❖田沼意知の若年寄抜擢《ばってき》

意次は、弟や甥《おい》が家老を務めた一橋家との関係を利用し、次代でも権力を維持しようとはかったが、姻戚《いんせき》関係の構築にもたいへん力を入れている。

寛延《かんえん》二年（一七四九）生まれの嫡男（長男）・意知《おきとも》の妻には、石見浜田《いわみはまだ》藩主で老中《ろうじゅう》・松平《まつだいら》康福《やすよし》の娘を迎えた。四男・意正《おきまさ》は沼津《ぬまづ》藩主で同じく老中となる水野忠友《みずのただとも》の養子に、六男・雄《かつ》貞《さだ》は伊勢菰野《いせこもの》藩主・土方雄年《ひじかたかつなが》の養子に、七男・隆棋《たかよし》は丹波綾部《たんばあやべ》藩主・九鬼隆貞《くきたかさだ》の養子に送り込んでいる。意次とは同列の老中二人と姻戚関係を結んだことで、田沼政権の権力基盤が強化されたのはいうまでもない。

一方、娘は大名家に嫁がせる。三女は遠江横須賀《とおとうみよこすか》藩主・西尾忠移《にしおただゆき》の妻に、四女は越後与《えちごよ》板《いた》藩主・井伊直朗《いいなおあきら》の妻に、七女は武蔵岩槻《いわつき》藩主・大岡忠喜《おおおかただよし》の妻になった。いずれも譜代大名の家柄《いえがら》で、忠移は幕府の要職である奏者番《そうじゃばん》、直朗も同じく要職の若年寄《わかどしより》となっている。幕閣の要職に就けるのは原則として譜代大名だけで、親藩《しんぱん》大名や外様《とざま》大名は対象外であった。

西尾家や井伊家からすると、意次との縁で引き立てられることを期待し、その願いが叶《かな》った形である。意次の子を養子に迎えた水野家などにしても同様の思惑《おもわく》があり、忠友は七千石の旗本《はたもと》から大名、そして老中に引き上げられている。

一連の縁組は権力基盤の強化を目的としたが、意次の立場からすると、もう一つの目的があった。由緒《ゆいしょ》正しい譜代大名と姻戚関係を結ぶことで、自身の異数の立身出世を妬《ねた》む譜代大名や幕臣たちからの反感を封じ込めたい、との意図が秘められていた。

一代にして旗本から大名、そして老中まで成り上がった意次にとり、嫡男・意知にその身代《しんだい》を受け継がせることは、悲願だったに違いない。一言でいえば、世襲《せしゅう》である。

そのため、自身が権力の座を去った後も見据《みす》え、意知の地位を引き上げる。まだ家督《かとく》を継いでいない部屋住みの身分だったにも拘《かか》わらず、天明元年十二月には奏者番に起用した。この時、意知は三十三歳だった。

譜代大名は、老中や若年寄となって天下の政治を動かすことを目指す。その昇進コースは決まっており、まずは、奏者番を務めるのが習《なら》いである。

大名や旗本が将軍に拝謁《はいえつ》する際の取次、及び進物の披露が奏者番の主な任務で、譜代大名のうち、若手の優秀な者が選任された。奏者番を振り出しに譜代大名は老中への階段をのぼった。奏者番を務めあげると、寺社奉行《じしゃぶぎょう》、若年寄、大坂城代《おおさかじょうだい》、京都所司代《きょうとしょしだい》などを経て、老中に昇格することになっていた。

奏者番となった翌々年の天明三年十一月に、意知は老中に次ぐポジションである若年寄に抜擢《ばってき》される。大まかにいうと、老中は朝廷や大名に関する事柄、若年寄は旗本・御家人《ごけにん》に関する事柄を担当した。その上、意知は父・意次と同様に中奥《なかおく》に入ることが特別に許され、側用人を事実上兼任する立場となる。

意次に続いて意知も異数の立身出世を遂《と》げたため、譜代大名や幕臣からの妬みは避けられなかった。意知は、能力があって将軍・家治の覚えも目出度《めでた》かったのだろうが、親の七光りと陰口を叩《たた》かれたことは想像に難《かた》くない。意次あっての意知の幕閣《ばっかく》入りだったのは間違いないからだ。

こうして、意次・意知父子は揃《そろ》って権勢をふるうことになった。若年寄昇任により意知が老中に昇格する道が引かれ、田沼政権は親子二代にわたって続くことが見えてきた。意次はまさに絶頂の時を迎える。

だが、それは長く続かない。意知の身に危機が迫っていた。

❖刃傷《にんじょう》事件の謎《なぞ》

老中への階段を駆けあがっていた意知にとり、天明四年三月二十四日は運命の日となる。

この日の朝、いつもどおり老中や若年寄たち幕閣の面々は登城し、城内の御用部屋に入った。御用部屋は老中や若年寄が政務を執《と》る部屋で、上之間《かみのま》に老中、下之間《しものま》には若年寄が詰めた。通例、午前十時から午後二時頃までが政務の時間である。この日は早く終わったという。

意次たち老中が退出した後、意知たち若年寄が退出したが、時刻は午後一時近くであった。意知が同僚の掛川《かけがわ》藩主・太田資愛《おおたすけよし》、出羽《でわ》松山《まつやま》藩主・酒井忠休《さかいただよし》と連れ立って新番《しんばん》の詰所前を通りかかったところ、事件は起きた。

新番とは将軍の直属軍である五番方（大番《おおばん》・書院番《しょいんばん》・小姓組番《こしょうぐみばん》・新番・小十人番《こじゅうにんばん》）の一つで、一組あたり番頭《ばんがしら》一人、組頭《くみがしら》一人、番士《ばんし》二十人で構成され、城内では将軍の身辺警護役を務めた。

詰所にいた新番の番士五人のうち、旗本の佐野善左衛門《さのぜんざえもん》（禄高《ろくだか》五百石）が意知に突然斬《き》りかかったのである。意知は脇差《わきざし》を抜かずに鞘《さや》で受け止めたが防ぎ切れず、手傷を負った。応戦しようと刀を抜いてしまうと喧嘩《けんか》と解釈され、喧嘩両成敗《りょうせいばい》の対象として処罰は免《まぬか》れない。よって、脇差を抜けなかった。

佐野は、桔梗《ききょう》の間に逃げた意知を追いかけて深手《ふかで》を負わせる。これが致命傷となったようだ。その後、ようやく大目付《おおめつけ》の松平忠郷《ただ さと》が佐野を組み伏せ、目付の柳生久通《やぎゅうひさみち》が刀を取り上げた。取り押さえられた佐野は城外に出され、小伝馬町《こでんまちょう》の牢《ろう》屋敷に入れられた。

意知は城内に詰めていた外科医師による手当てを受けた後、城から出て意次の屋敷に運ばれる。意次の屋敷は江戸城近くの神田橋《かんだばし》にあった。

深手を負った意知は、手当ての甲斐《かい》もなく、二日後の三月二十六日にこの世を去る。享《きょう》年《ねん》三十六だった（藤田覚『田沼意次』）。

この刃傷《にんじょう》事件は、江戸城大手門《おおてもん》近くの龍《たつ》の口《くち》に置かれた評定所《ひょうじょうしょ》で吟味された。大目付と目付による取り調べの結果、佐野の乱心による刃傷と認定される。乱心者と認定された場合、改易《かいえき》は免れなかったものの、情緒不安定に陥《おちい》ったことが考慮されて死罪には至らないのが当時の慣例だった。

だが、今回は意知が落命したことを重くみて、切腹《せっぷく》の判決が下る。四月三日、佐野は小伝馬町の牢屋敷で切腹して果てた。享年二十八。

幕府の公式見解は佐野の乱心による刃傷であったが、その真相はどうだったのか。

佐野が意知に遺恨《いこん》を抱《いだ》いていたという説がある。意次の用人《ようにん》に大金を贈って猟官運動したものの、その望みが叶わなかったこと、意知が佐野家の系図を返さなかったことなどの遺恨が挙げられている。意次・意知父子が権勢をふるっていたことに佐野が憤《いきどお》り、いわば正義感から刃傷に及んだという説もある。

結局のところ真相は闇《やみ》の中となるが、意次に与えたダメージは計り知れないものであった。そして、傷心の意次に追い討ちをかけるように、加害者の佐野が、ヒーローのように祀《まつ》り上げられるという現象が起きてしまう。世間の同情は、被害者で不慮《ふりょ》の死を遂げた意知には集まらなかったのである。

❖佐野世直し大明神《だいみょうじん》の誕生

切腹した佐野の遺骸《いがい》は浅草《あさくさ》の徳本寺《とくほんじ》に葬《ほうむ》られたが、墓所にはお参りする人々が押し寄せた。徳本寺本堂の賽銭箱《さいせんばこ》には十四、五貫文《かんもん》もの銭《ぜに》が日々入れられたというから、いかに参詣者が多かったかがわかる。

その人出に目を付け、門前には、佐野の墓に供《そな》える花や線香《せんこう》を売る露店《ろてん》が出た。墓にかける水を売る者まで現われた。墓に手向《たむ》けられた花が所狭しと並べられ、線香の煙がもうもうと上がっていたと伝えられる。

世間の同情が佐野に集まる一方で、意知に対して世間は冷淡だった。というよりも、反感に満ちていた。意知の葬列に町人たちが投石し、悪口を浴びせたという。親の七光りと、陰口を叩かれて反感を持たれていたことが白日のもとに晒《さら》された。それは父・意次への反感でもあった。

刃傷事件をきっかけに、意次に対する世間の反感、つまりは田沼政権への不満が噴出《ふんしゅつ》する。これには佐野が切腹した翌日から、米価が下がりはじめたことが大きく影響していた。

その頃江戸の米価は高騰しており、約一カ月前、江戸近郊の多摩郡では、米価を釣り上げた商人の居宅が壊される事件も起きて、江戸市中には不穏な空気が流れていた。危機感を強めた幕府は米価の引き下げをはかるが、効果がなかなか現われなかったことは先に述べた。

ところが不思議なことに、佐野切腹の翌日から米価が下がりはじめたため、世間では佐野の御蔭《おかげ》とみなす空気が広まる。米価高騰に苦しむ人々を救う神様に違いないとして、神格化された。

こうして、佐野は世直し大明神《だいみようじん》として祀り上げられる。その話が江戸市中に広まり、人々は御利益《ごりやく》を求めて墓所に押し寄せたのである。米価高騰を克服できない田沼政権への不満が、視覚化された格好だった（藤田覚『田沼意次』）。

米価が下がりはじめたのは、幕府による米価引き下げ策の効果がようやく現われはじめた、とみた方が自然だろう。刃傷事件と米価の動向は関係がなく、偶然の一致に過ぎなかったが、佐野の刃傷事件と結び付けられたのは、跡継ぎを突然失った意次にとり、非常に不幸なことであった。

3　高まる政治不信と田沼失脚の裏側

❖再びの江戸の米価高騰

意知を失ったことで田沼政権の継続に暗雲が立ち込める。その先には田沼時代の終焉も見えていた。意知の不慮の死は、田沼政権に対する不満が噴出するきっかけとなる。

意次が採用した新たな財源や新規事業のなかには、不利益を被《こうむ》る人々の反発を買って撤回《てっかい》に追い込まれるものが少なくなかったことは、第二章で述べたとおりである。それは意次への反感につながった。新規事業が採用された裏では賄賂《わいろ》が動いたため、政治への不信感が高まる。

意次が成り上がり者だったことも大きい。一代にして幕府のトップにのぼりつめたことへの妬みが、反感を増幅させる。

さらに、天明年間に入ると天変地異が相次いだ。天明の大飢饉を背景とした米価の高騰を、抑え込めないことへの不満も加わり、政治不信が強まる。

奇《く》しくも佐野の切腹を境に米価は下がりはじめる。その後も、幕府は米穀の販売を督促するなどの手を打ち、御救米の支給も実施された。

一連の対策が功《こう》を奏《そう》したのか、ようやく米価の高騰は収まり、不穏な空気は鎮静化していく。再び江戸で米騒動が起きる事態は何とか防ぐことができた。

しかし、天明の大飢饉はこれで終わったのではない。天明六年（一七八六）に入ると、江戸では米価をはじめ、諸物価が再び高騰する。そのきっかけは、七月に関東を襲った大雨であった。

七月十二日夜から降り出した大雨は十八日朝まで止《や》まず、関東各地の河川は氾濫《はんらん》し、大洪《だいこう》水《ずい》となった。幕府はすぐさま、水害罹災者《りさいしゃ》への炊《た》き出しを行うなど救済に努める。今回の洪水をきっかけに米価などの物価も上昇しはじめたため、その引き下げを江戸の商人に命じている。

関東を襲った水害は、農作物にも甚大《じんだい》な被害を与えた。これは、翌年まで続く米価高騰の呼び水となるだけでなく、田沼政権による新規事業の目玉だった、印旛沼干拓《いんばぬまかんたく》計画にとっては致命傷《ちめいしょう》となる。

利根川《とねがわ》が流れ込む印旛沼の干拓では、利根川の水を安食村《あじきむら》（現千葉県栄町《さかえまち》）で遮断《しゃだん》する手法が取られていた。これにより印旛沼の水位を下げようとしたが、利根川が氾濫したことで安食村に築いた堤《つつみ》が決壊《けっかい》し、干拓計画中の印旛沼が水浸《みずびた》しになってしまう。莫大《ばくだい》な資金が投入された干拓計画は、振り出しに戻った。

資金捻出《ねんしゅつ》の目途《めど》が付かなかったのだろう。工事が再開されることはなかった。八月二十四日、幕府は干拓工事の中止を発表する。この頃、意次の命運は尽きようとしていた。

猛反発を招いた、全国を対象とした御用金《ごようきん》

関東を襲った洪水で印旛沼干拓計画が中止に追い込まれたことは、田沼政権にとり大きな打撃となる。だが、洪水の約半月ほど前に打ち出した政策も、各方面から猛バッシングを受けていた。それは田沼政権を揺るがすほどの問題に発展し、意次は弱り目に祟《たた》り目の状況に追い込まれる。

天明六年六月二十九日に、幕府は全国の町人、農民、寺社・山伏《やまぶし》などに対して、「御用《ごよう》金《きん》」を差し出すよう命じた。天明六年から五年間にわたって、町人は所持する町屋敷の間口《まぐち》一間《けん》につき銀三匁《もんめ》、農民は持高百石につき銀二十五匁を出金せよ、という内容だった。全国の町人や農民などから集めた御用金は、諸大名への貸付の資金に充てるとされた（藤田覚『田沼意次』）。

この政策は幕府内から提起されたのではなく、桑名《くわな》藩士・原惣兵衛《はらそうべえ》が、意次の用人・三浦《みうら》庄司《しょうじ》を通じて献策したものという。原が公務で大坂に滞在していた時、豪商から資金を出

させて、大坂の東照宮《とうしょうぐう》を立派に修復したことがあった。その経験を踏まえ、全国を対象に御用金を集めて、諸大名への融資にあてる構想を提案し、意次によって採用された。

既に幕府は「公金貸付」という金融業に乗り出し、諸大名、旗本、豪農、豪商を対象とした貸付で得た利息を、新たな財源としていた。公金貸付の場合、融資の資金は幕府の公金だった。

今回は全国から広く集めた御用金も加えた上で、大坂に貸付会所《かいしょ》という、現在の銀行のような機関を設置し、諸大名に年利七％の低利で融資する計画であった。

当時の相場としては低利であるから、融資を望む大名は多いと幕府はみたはずだ。その分、幕府の懐《ふところ》に入る利息は多くなる。

出資者には若干の利子を付けて償還《しょうかん》する予定だった。一種の国債といえるが、強制的な出金であった以上、出資者からすると事実上の増税に他ならない。

幕府としては自分の懐を痛めることなく、政策に必要な資金を集められるメリットがあった。宝暦十一年（一七六一）に大坂の豪商に御用金の上納《じょうのう》を命じて、米穀の買い付け資金を確保した手法が援用されたわけだが、その対象を全国に広げたことが意次の命取りとなる。

この政策が布告されると、新たな税負担が課されたと受け取られたことで、御用金への反発が全国に広がっていく。幕府も政策の失敗を認めざるを得ず、八月二十四日に御用金の出金を中止すると布告した。

　政策の撤回に追い込まれたことは過去にも何度かあったものの、今回の失策は田沼政権の土台を大きく揺るがす結果となる。それほどの反発を買った政策だったのであり、結果的に意次の命取りとなった。

　こうして、意次の政治責任を問う声が幕府内から出てくる。幕政を主導する意次への不満が噴き出た格好であり、意次は窮地《きゅうち》に立たされるも、家治から厚く信任されている限り、その地位は安泰《あんたい》のはずだった。

　だが、意次にとって頼みの綱の家治が、ここで病《やまい》に倒れるのである。

❖将軍・家治の急死と意次の老中辞職

　意次より十八歳年下だった家治は、天明六年八月に入ると俄《にわ》かに重い病気にかかる。家治あっての意次にとり、まさに一大事であった。

　将軍の治療にあたるのは奥医師に限られた。奥医師は城内で将軍の脈をとるほか、大奥《おおおく》にも出入りして御台所《みだいどころ》や側室《そくしつ》をはじめ、奥女中《おくじょちゅう》たちの診察にあたった。この時、家治の治療を担当したのは奥医師の河野仙寿院《こうのせんじゅいん》だったが、快方の兆《きざ》しが一向にみえず、意次の焦慮《しょうりょ》は深まる。

意次は事実上側用人を兼ねる老中であり、将軍が日常生活を送る中奥に入ることができた。将軍の中奥での生活を管理する立場でもあったことから、治療にあたる奥医師の交代を決める。

八月十五日より、仙寿院に代えて、奥医師の大八木伝庵《おおやぎでんあん》をして家治の治療にあたらせた。翌十六日には意次の推薦《すいせん》により、町医師の日向陶庵《ひゅうがとうあん》と若林敬順《わかばやしけいじゅん》が御目見得《おめみえ》医師に採用され、十九日に奥医師へと昇格する。町医師から奥医師に、ワンクッション置いて取り立てることで、家治の治療にあたらせた。

ところが、陶庵と敬順が調合した薬を服用した家治の病状が、急激に悪化してしまう。翌二十日、その責任を問われた両名は退《しりぞ》けられ、再び伝庵が治療にあたったが、病状は好転しなかった。二十五日に家治は生涯を閉じる。享年五十であった。

診断ミスだったのかどうかはわからないが、意次の推薦で治療にあたった医師の投薬により病状が急変したことで、意次への批判が沸《わ》き上がるのは避けられなかった。意次が医師を介して家治に毒を盛ったのでは、との噂まで飛び交ったという。それだけ、家治の容態《ようだい》は急激に悪化したのである。

当時、御用金政策の撤回を契機に、意次の政治責任を問う声が噴出し、意次は窮地に陥っていた。そうした折に、家治が重篤《じゅうとく》となったのは実に痛かった。それも自身が推薦した医師の投薬が原因とみなされたことで、進退問題へと発展してしまう。立場が弱くなったことで、成り上がり者であることへの反感も一気に噴き出たのだろう。

病状が急変した頃、具体的には二十二日より、意次は病気を理由に登城していない。実際は病気ではなかったが、家治の不興《ふきょう》を買っているとして、登城を遠慮するよう周囲から勧められたのだ。意次には思い当たる節《ふし》はなかったものの、推薦した医師の投薬で重篤となったことに対する批判はわかっていたはずである。

よって、周囲の勧めに従い、登城を遠慮することにした。御用金政策の撤回により政治的立場が弱くなっていたことも、周囲の勧告をむげに退けられなかった理由だったのではないか。

家治の病状が快方に向かい、後日お目通りが叶えば、意次は不興を買ったことについて弁明するつもりであった。そうすれば家治の誤解は解けると考えていた。

ところが、追い打ちをかけるように、今度は、老中辞職を申し出るよう意次に圧力が掛かる。実際のところは登城を遠慮するよう勧められた時から老中辞職も勧告されていたのだろう。

あくまでも辞職勧告を拒否し続けるつもりだった意次もその圧力に結局は抗《こう》しきれず、病気を理由に辞職を申し出る。二十七日に至って、意次の名代《みょうだい》として西尾忠移と松平信志《のぶむね》

（水野忠友の弟）が江戸城に呼び出され、老中・水野忠友から、辞職願を認めるとして御役御《おやくご》免《めん》が申し渡された。だが、家治は二日前に死去しており、この世にはもういなかった。

よって、辞職を許可したのは当時大老職《たいろう》にあった井伊直幸《なおひで》と老中・若年寄たちということになる。意次の立場からすると裏切りである。幕閣には意次が引き立てた田沼派というべき、姻戚関係にもあった老中たちがいたからだ。何度となく辞職を勧告したのも、味方と思っていた老中たちなのだろう。

いずれにせよ、意次が家治に弁明する機会は永久に失われた。

❖処罰された意次

将軍が交代すると、側近団は入れ替わるのが常であった。異例にも、意次は家重・家治と二代続けて将軍の側近を務めた。これは、家重の指示に家治が従ったからこそ可能になったことである。意次は側用人を事実上兼任する老中として、二人の将軍を後ろ盾《だて》にすることができた。意次の権力の源泉にもなっていた。

そのため、意次の最大の後ろ盾だった家治が死去すれば、意次は権力の源泉を失う。そこを突かれて辞職に追い込まれた形であった。同じ八月二十七日に、意次と姻戚関係にあった、将軍側近の筆頭格である御側御用取次の稲葉正明《いなばまさあきら》が罷免《ひめん》される。田沼派ということで粛清《しゅくせい》されたのだろう。

意次が老中から辞職勧告を受けた理由だが、御用金政策の撤回に象徴されるように、幕政を混乱させたことへの政治責任を取らされたとみるのが自然である。田沼政権という枠組みで考えれば、同僚の老中たちも連帯責任を問われるのは必至《ひっし》だったが、意次一人に責任を取らせることで、その責任から逃れようとしたわけだ。まさに、トカゲのしっぽ切りであった。

家治が健在ならば、老中たちも意次に辞職を迫ることはできなかっただろう。だが、家治が病に倒れ、さらに意次が推薦した医師の投薬で病状が悪化したことを好機到来として、政治責任を取らせ、自分たちに累《るい》が及ばないよう目論んだのである。

意次が辞職すると、同僚の老中による、あからさまな手のひら返しがはじまる。

意次の四男・意正を養子に迎えることで老中にまで引き上げられた水野忠友は、それから十日も経たない九月五日に養子縁組を解消、意正を田沼家に返した。娘を意知に嫁がせた松平康福は、意次との交際を断つと幕府に届け出た。

一連の縁切りとは、意次との姻戚関係を続けていては自分の立場が危《あや》ういという、政治的思惑《おもわく》によるものだった。それまで自分にすり寄っていた者たちが、老中辞職を機に潮《しお》が引くように去っていくのをみて、意次は何を思ったであろうか。

ただし、この段階では病気を理由に老中を辞職しただけである。何らかの落ち度を理由に辞職したのではなく、処罰されたわけでもなかった。しかし、それだけでは政治責任をとったことにはならないという意見に押され、幕府は意次を処罰せざるを得なくなる。

同天明六年閏十月五日、幕府は意次に対し、在職中に加増された二万石を没収し、さらに謹慎《きんしん》を命じた。神田橋の上屋敷《かみやしき》と大坂の蔵屋敷も没収された。

意次が処罰された日には、勘定《かんじょう》奉行の松本秀持《まつもとひでもち》が罷免される。意次の意を受けて、新たな財源作りや新規事業の推進役となっていた松本も処罰されたことは、田沼主導の幕政に誤りがあったと、幕府が認めたことを意味した。責任の所在を明らかにした処罰であり、以後、意次に引き立てられた者たちへの処罰が続く。

こうした処罰の裏には、これから述べていくような、徳川一門による強い申し入れがあった。意次は名実ともに失脚したが、以後幕府内では激しい権力闘争が勃発《ぼっぱつ》する。半年以上にも及ぶ政争がはじまるのである。

4 政敵・松平定信《さだのぶ》の台頭《たいとう》

❖意次失脚後の激しい政争

田沼意次が去った後の幕府の布陣《ふじん》は、大老が井伊直幸、老中が松平康福・牧野貞長《まきのさだなが》・水野忠友、そして家斉付きの西丸老中から老中に転任してきた鳥居忠意《とりいただおき》らであった。康福と忠友が意次と姻戚関係にあったことは、先に述べた。

直幸にしても、若年寄を務める分家の井伊直朗が、意次の四女を妻としたことで大老職に就けた経緯《けいい》があり、田沼派とみなされていた。意次としては、譜代筆頭の井伊家を大老職に就けることで、田沼政権の権力基盤を固めたい意図があった。

家治の死を受け、世子の家斉が将軍の座に就く政治日程が組まれる。だが、家斉はまだ十四歳であり、家治の遺言《ゆいごん》として、徳川一門の御三家と御三卿に後事《こうじ》が託《たく》されていた。将軍継嗣を出す資格のある御三家と御三卿は、幕政に関与しないのが原則ではあるものの、家斉が若年《じゃくねん》ということで特別に幕政に参与することになる。

九月六日、大老の直幸は尾張《おわり》藩主・徳川宗睦《むねちか》、紀州藩主・徳川治貞《はるさだ》、水戸《みと》藩主・徳川治保《はるもり》に、翌七日には、家斉の実父で一橋家当主・治済と、家治の弟で清水家当主・重好に、家治の遺言を伝えた。当時、御三卿のうち田安家は当主不在の状態であったため、一橋家と清水家が幕政参与を命じられたが、御三卿では一橋家のみが実際幕政に参与している。

幕府としては、徳川一門を幕政に参与させることで難局を乗り切りたい意図があった。一方、幕政への発言権を得た御三家と治済は、次期将軍・家斉の教育方法や老中人事などを提案したが、その際、意次の政治を強く批判した。

下々の難義を厭《いと》わずに政策を推し進めたことを問題視し、御役御免だけでは天下に示しがつかないと申し入れたのだ。意次の命取りとなった御用金政策を念頭に置き、その政治責任を改めて取らせるよう求める。

この申し入れを受け、幕府は意次を処罰したのである。

治済にとって意次は、家斉を世子の座に就けてくれた恩人だったはずだ。だが、御三家とともに幕府にプレッシャーを掛け、意次の追い落としに加担する。これを機に、家斉の時代における意次の影響力を排除してしまいたかったのだろう。

治済は御三家とともに意次を失脚させると、ある譜代大名を老中に送りこもうと画策《かくさく》する。その人物こそ、寛政《かんせい》改革の代名詞となる白河《しらかわ》藩主の松平定信《さだのぶ》だった。蔦屋重三郎の運命を大きく変える人物でもあった。

❖徳川一門による松平定信の擁立《ようりつ》運動

宝暦八年（一七五八）十二月二十七日、定信は、田安家初代当主・宗武の七男として生まれた。吉宗の孫にあたる定信は将軍の座に就くことも夢ではなかったが、安永三年（一七七四）三月に人生の転機が訪れる。譜代大名で白河藩主・松平定邦《さだくに》の養子に迎えられたのである。その裏には、徳川一門から養子を迎えることで、白河藩（十一万石）の家格を上昇させたいという定邦の目論見《もくろみ》があった。

ところが同年九月に、実家田安家の当主だった兄の治察《はるあき》が死去する。治察には跡継ぎがおらず、田安家では定信を白河藩から戻そうとするも、幕府、つまり田沼政権はこれを認めなかった。田安家は当主不在となり、将軍継嗣レースから脱落する。

その後、嫡男・家基の急逝《きゆうせい》を受けて、家治は治済の長男・家斉を養子に迎えることを決める。養子選定に関《かか》わったのは意次であった。天明元年に家斉は江戸城西丸御殿に入り、正式に将軍継嗣となる。家治、定信、治済はいずれも吉宗の孫にあたり、いとこどうしの関係だった。

実家の田安家に戻れなかった定信は、天明三年に松平家の家督を継ぐ。二十六歳の時である。折しも、天明の大飢饉により米価が高騰した。東北各地では餓死者が続出するが、定信が藩主を務める白河藩では餓死者を一人も出さなかったため、名君としての評判を得る。

その後、定信は幕政への参画《さんかく》を志《こころざ》すが、意次には激しい敵意を抱いていた。自分にとっては敵とも思う盗賊同然の存在で、殺意まで抱いたと吐露《とろ》したぐらいだ。その裏には、田安家に戻って当主となっていれば、将軍継嗣候補として十一代将軍の座も夢ではなかったという思いがあったのだろう。定信にしてみれば、その夢を砕《くだ》いたのは意次なのである。

将軍の座に就くことを諦《あきら》めて白河藩主となった定信は、意次の失脚を受け、従兄《いとこ》の治済と手を組む形で老中の座を目指した。治済は御三家をして、定信の老中起用案を申し入れさせるも、擁立《ようりつ》運動は難航する。

御三家が定信を老中に推挙《すいきょ》したのは天明六年十二月十五日のことであったが、翌七年二月二十八日に幕閣から拒否される。幕政に参与させたとはいえ、老中人事にまで介入してくることは拒《こば》んだのである。そして御三家にあてつけるかのように、三月七日には寺社奉行・阿《あ》部正倫《べまさとも》を老中に昇格させた。御三家と治済による定信擁立運動は頓挫《とんざ》する。

だが、五月に入ると、事態を一変させる大事件が起きる。それによって、潰《つい》えたかに思われた定信の老中就任も見えてくるのである。

❖江戸の米騒動が引き起こした政変

定信の老中起用をめぐって、御三家・治済と幕府の間で政争が展開された頃、江戸では天明六年七月以来の米価高騰が続いていた。翌七年に入っても事態は好転せず、五月には米価がさらに高騰した。江戸には再び不穏な空気が満ちはじめる。

米騒動の危機を感じた幕府は、米を市中に売り出すよう米問屋に督促した。だが、買い占めや売り惜しみによって米価を釣り上げる行為は止《や》まなかった。幕府は再び城詰米を江戸に送らせる準備にも取り掛かったが、これは間に合わなかった。

米問屋などが買い占めや売り惜しみに走ったことで米価高騰に拍車がかかり、飢えに苦しむ町人が続出したのは江戸だけではなかった。大坂などの都市も事情は同じだった。結局のところ、幕府は事態打開の方策を立てられず、町人たちの恨《うら》みが爆発するのは時間の問題となる。

五月十二日、大坂で米問屋などの居宅や蔵が壊された。その数は二百軒近くにも及んだ。大坂での米騒動を皮切りに、全国各地の都市で米問屋などが打ちこわしに遭《あ》う。いわゆる、天明の打ちこわしである。

二十日には江戸でも、米価を釣り上げた米問屋などの居宅や蔵がこわされる事件が赤坂《あかさか》で起きた。以後、その波は山の手地域から街道沿いに、さらに江戸一円・宿場町・江戸郊外の在方《ざいかた》へと広がっていった。千軒前後が打ちこわされたと推定されている。

広範囲に米騒動が展開したことで、江戸の治安を預かる町奉行所は、手をこまぬくばかりで何ら対応できなかった。そのため、数日間、江戸は無政府状態に陥る。自然と鎮静化するのを待つしかなかった。

これに衝撃を受けた幕府は、遅ればせながら必死の対応を取る。二十三日、御救金の支給を開始すると江戸の町に通達した。翌二十四日には御救米の支給も開始した。

その効果だったのかは定かではないが、ようやく事態は鎮静化に向かう。というよりも、窮民による打ちこわしを恐れて、米の買い占めや売り惜しみに走った者たちが買い占めを止めたり、米の販売を再開したことが大きかったのだろう。

江戸の米騒動は思わぬ政治的効果をもたらす。三月以来頓挫していた定信の擁立運動が、一気に進展したのである。

前月の四月十五日に将軍の座に就いたばかりの家斉は、打ちこわしにより市中が騒然としている状況を耳にした。よって、御側御用取次を務める横田《よこた》準松《のりとし》に真偽を確かめたが、平穏無事と横田は答えるばかりだった。横田は、将軍の側近として幕府に大きな影響力を持つ実力者で、かつての意次のようなポジションにあった。

ところが、一時は無政府状態となった江戸の異変を、家斉は御庭番《おにわばん》からの報告で知る。御庭番は御側御用取次の指示に従い、老中をはじめ幕府役人の風聞《ふうぶん》、あるいは世間の噂をその虚実に拘わらず、「風聞書《ふうぶんがき》」として報告することを命じられていた。その際には、将軍についての噂を報告する場合もあった。そんな探索御用は江戸にとどまらず遠国《おんごく》にも及んだ。風聞書は御側御用取次を介して将軍に提出されることになっていた（深井雅海『江戸城御庭番――徳川将軍の耳と目』）。

将軍は御庭番を使って独自に情報を収集し、幕政に反映させた。これには老中たちを牽制《けんせい》する効果もあったが、当時御側御用取次は四名いた。その一人で、治済とつながる小笠原信喜《おがさわらのぶよし》が江戸の打ちこわしを伝える風聞書を家斉に提出したとされる。

真実を伝えなかったことに家斉は激怒し、五月二十九日に横田を罷免する。その前日には、意次の甥・意致も御側御用取次の職を病を理由に免《めん》ぜられた。

横田は、定信の老中起用に強硬《きょうこう》に反対していた。幕府も横田の意見を後ろ盾とする形で御三家からの申し入れを拒否したが、横田の罷免により風向きが変わる。一転、定信の老中起用を受け入れた。そもそも、家斉の父・治済が強く望んだ人事であるから、その意向にも配慮する必要があった。

六月十九日、定信は念願の老中に起用され、その首座を務めることになる。まさに政変だった。七月六日には勝手掛《かってがかり》を兼務し、幕府の財政を握る。後には将軍補佐役も兼ね、その権力基盤は著《いちじる》しく強化される。

この年、三十歳になったばかりの定信は、祖父・吉宗の享保改革に倣《なら》い、寛政改革を断行する。結果として、江戸の打ちこわし、そして家斉に提出された御庭番の報告が、寛政改革を導いたのである。

❖失意の死

田沼意次にとり、自分を敵視する政敵が老中に起用されたことは大きかった。天明六年閏十月に二万石の没収と謹慎を命じられたが、謹慎は同年十二月に解除済みだった。これ以上の処罰はないと思っていただろう。だが、定信が、意次の政治を批判する御三家や治済をバックに幕政のトップに立ったことで、さらなる処罰が避けられなくなる。

天明七年十月二日、意次の甥の田沼意致と大目付の松浦信程《まつらのぶきよ》が、意次の名代として登城。老中在職中の不正を理由として、二万七千石の没収、隠居《いんきょ》、蟄居《ちっきょ》謹慎が意次に申し渡された。前回の処罰ではその理由がはっきり示されていなかったが、今回は在職中の不正が理由と明示された。幕府は意次の政治に対し、はっきりNOを突き付けたのである。

一代にして、六百石の旗本から五万七千石の大名に成り上がった意次は、再度の減封《げんぽう》によって一万石となってしまう。大名としての身上《しんじょう》は保ったものの、家督相続が許された孫の意明《おきあき》（意知の長男）は相良《さがら》領を取り上げられ、陸奥信夫《むつしのぶ》郡と越後頸城《くびき》郡で改めて一万石を与えられた。

意次が築城を許された相良城は破却《はきゃく》される。意次の象徴でもあった相良城の取り壊しとは、まさに田沼時代の終わりを視覚化する出来事であった。

隠居の上、蟄居謹慎を命じられた意次は下屋敷《しもやしき》に移った。翌八年（一七八八）に入ると、松平康福や水野忠友など、田沼派だった老中も辞職に追い込まれる。大老の井伊直幸は前年九月に辞職していた。

幕府のトップに立った定信からすると、江戸の打ちこわしで噴出した人々の不満を鎮静化させ、田沼時代に代わる新時代の到来を世間に認識させることは、焦眉《しょうび》の課題だった。さもないと、今度は自分が世間の批判の矢面《やおもて》に立たされ、意次のように失脚に追い込まれるかもしれない。

そのためには、意次の政治がいかに悪政であったかをアピールしなければならなかった。つまり、バッシングすることで人々の不満を意次に向け、自分への期待度を高めようと目論んだのだ。

天明七年十月の二度目の処罰とは、世論の誘導を狙《ねら》ったものだった。要するに、意次には悪役でいてもらう必要があった。

天明八年七月二十四日、意次は失意のうちに七十歳でこの世を去る。名実ともに田沼時代は終焉を迎えるのである。

第五章

松平《まつだいら》定信《さだのぶ》はなぜ蔦屋重三郎を処罰したのか？

——寛政《かんせい》改革の実像と虚像

1 緊縮財政と文武奨励《しょうれい》による社会の引き締め

強い危機意識のもと改革に臨《のぞ》む

自由な雰囲気のもと、経済や社会が発展した田沼時代の勢いに乗って、一代で出版界のトップグループに躍り出た重三郎だが、同じく成り上がり者として権勢をふるった田沼意次が失脚《しっきゃく》すると、前途に影がさしはじめる。政治や社会が大きく転換するなか、否応《いやおう》なく江戸の文化もその影響を受けた。重三郎はそんな時代の流れに抗《あらが》ったものの、権力の前に挫折《ざせつ》を余儀《よぎ》なくされる。

意次に代わって幕府のトップに立った松平定信《まつだいらさだのぶ》は、生まれながらの大名であった。将軍の座に就《つ》く可能性さえ持っていた大名で、いわば世襲《せしゅう》の代表格のような人物だった。その点、意次や重三郎とは対極的な人生を歩んだわけだが、田沼時代を終焉《しゅうえん》に導いた当時の社会情勢に、定信は痛烈な危機感を抱《いだ》く。

幕府が米価の高騰《こうとう》を抑え込めなかったことで、江戸でも大規模な米騒動が起きた。町奉《まちぶ》行所《ぎょうしょ》はなす術《すべ》がなく、一時的とはいえ、江戸は無政府状態に陥《おちい》る。幕府が受けた衝撃は大きかった。

その衝撃が冷めやらぬ天明《てんめい》七年（一七八七）六月に老中《ろうじゅう》となった定信は、幕政を担当するにあたり、このことが非常に気がかりであった。就任直後には、自分を老中に擁立《ようりつ》した御三家と一橋治済《ひとつばしはるさだ》に、次のように不安を漏《も》らしている。

米価の高騰は収まったとはいえ、万一大風や洪水《こうずい》で再び米価が高騰すれば、米騒動の再現となり兼ねない。日本国内の混乱の間隙《かんげき》を突《つ》いて、外国が侵略してくることもないとはいえない――。

念頭には前年七月に関東を襲《おそ》った洪水で米価が高騰したことがあったのだろう。痛烈な危機感が見えてくる。

翌八年（一七八八）正月二日、定信は霊巌島吉祥院《れいがんじまきちじょういん》の歓喜天《かんぎてん》に願文《がんもん》を奉納《ほうのう》している。そこでは、自分と妻子の命をかけて、米価が高騰しないこと、そして下々の者が難義《なんぎ》しないことを願うという、只《ただ》ならぬ決意が書き記されていた（北原進『江戸の高利貸』）。

並々ならぬ決意のもと、幕政に臨《のぞ》んだ定信の姿が浮かび上がってくるが、米価の安定はもちろん、社会の引き締めにもたいへん力を入れる。米騒動によって幕府の支配体制が大きく揺らいだ以上、社会の統制強化は待ったなしの課題だったからである。

❖定信の登場を歓迎した世間

一方、世間では定信の登場をどのように受け止めたのか。次のような落首《らくしゅ》が流布《るふ》したことが知られている。

田や沼や　よごれた御世を　改めて　清くぞすめる　白河《しらかわ》の水

田沼意次のため乱れた世の中が、「白河」、つまり白河藩主の定信が幕政のトップに立ったことで刷新《さっしん》された、という内容である。杉田玄白《すぎたげんぱく》も、著書『後見草《のちみぐさ》』で、この世はどうなってしまうのかと日夜案じていたが、逢《あ》い難《がた》いと思っていた世に再び逢えたことは嬉《うれ》しいと述べている。定信の登場を歓迎していた様子がわかる。

定信が老中に就任した直後、世間の期待度は非常に高かった。それまでの政治に対する不満がいかに大きかったかがわかるが、政治が刷新されるのではという期待から、幕臣や民間より、政治に関する上書《じょうしょ》（意見書）も数多く提出される。なかでも、天明七年七月に小普請《こぶしん》組《ぐみ》の旗本《はたもと》・植崎九八郎《うえざきくはちろう》が提出した上書は、運上金《うんじょうきん》の中止や銭《ぜに》相場の引き上げなど、その内容は多岐《たき》にわたり、当時の世評では一番の上書とされた。

定信は、そんな世間の期待に応《こた》えるスタンスを取ることで支持を集めようとした。それには、世間の批判を浴びた意次のバッシングが効果的であった。意次の政治を全否定することで、自身への期待度が高まることが予想できたからであり、先に述べた、意次の追罰《ついばつ》や相良《さがら》城の破却《はきやく》にしてもその一環だった。

定信を擁立した御三家などは、天明七年五月の米騒動は意次の政治が良くないために起きた、享保《きようほう》改革に象徴される八代将軍・吉宗《よしむね》の政治路線を踏襲《とうしゆう》していれば、こんな政治や社会の混乱は起きなかったはず、と考えていた。定信もこの見解のもと、吉宗を模範《もはん》として寛《かん》政《せい》改革に着手する。吉宗が善で、意次が悪という図式だ。

よって、改革政治に正当性を持たせるには、吉宗に倣《なら》うとともに、田沼時代との違いを演出する必要があった。意次は、商業資本の力を活用することで財政難を克服しようとはかるも、裏では商人による賄賂《わいろ》が横行したため、世間からは癒着《ゆちやく》しているとの批判を浴びた。

このことを念頭に、定信は田沼時代に認められた株仲間や運上・冥加金《みようがきん》の徴収《ちようしゆう》を廃止する姿勢を示す。

だが、実際のところはポーズに過ぎなかった。廃止はごく一部にとどまる。

むしろ、田沼時代以上に商業資本と癒着することで、幕府の財政難を克服しようとしている。政策を実現するための資金に事欠く以上、大商人の資金力に頼らざるを得ない現状が背景にあった。その点でいうと、寛政改革は意次の政治との連続性が際立《きわだ》っていた（竹内誠

『寛政改革の研究』）。

❖質素倹約《しっそけんやく》と文武の奨励

寛政改革では田沼時代の否定という政治路線が取られたため、経済や社会の発展及び文化の活性化が自由な雰囲気をもたらしたことが槍玉《やりだま》に挙がることになる。江戸の社会に蔓延《まんえん》する緩《ゆる》い空気がその乱れを招いたという現状認識に基づき、引き締めがはかられた。田沼時代は華《はな》やかで享楽《きょうらく》的な時代であったため、風俗《ふうぞく》が華美となり、生活も贅沢《ぜいたく》なものになったという見立てである。

具体的には、質素倹約《しっそけんやく》と文武奨励の方針が強く打ち出される。

定信が模範とした享保改革でも、質素倹約が励行《れいこう》された。五代将軍・綱吉《つなよし》の豪勢な生活に象徴される、放漫《ほうまん》な支出が財政難を招いたことへの反省から、幕府の支出を徹底的に切り詰めたのである。吉宗は食事や衣服を質素なものとし、諸事倹約に努めることで歳出削減の範を示した。一日二食で、朝夕食ともに一汁三菜。絹は贅沢として、衣服は木綿《もめん》のものを着用した。

定信も吉宗に倣って質素倹約に努めるとともに、幕府の歳出に大ナタをふるう。聖域だった大奥《おおおく》の経費も三分の一にまで減らしたという。

武士、町人、農民に対しては贅沢な暮らしを戒《いまし》め、特に江戸の町については、華美な風俗に事細かく規制を加えた。

無駄に手間がかかる高価な菓子の製造は禁止、女性の衣類も織物や縫物《ぬいもの》は禁止、羽子板《はごいた》などに金銀や箔《はく》を用いてはいけない、雛人形《ひなにんぎょう》の大きさは八寸《すん》（約二十四センチ）を超えてはいけないなど、日常生活にまで立ち入って規制したため、町人たちからの反発は避けられなかった。

文武の奨励は、旗本《はたもと》や御家人《ごけにん》などの幕臣が対象である。賄賂の横行に象徴される士風頽廃《たいはい》が背景にあった。田沼時代は、武士が黄表紙《きびょうし》や洒落本《しゃれぼん》などを執筆したり、狂歌《きょうか》を詠《よ》んだりすることが珍しくなかった。そんな文化活動に溺《おぼ》れることなど、定信からすると武士にあるまじき行為だった。士風頽廃以外の何物でもない。

よって、幕臣に対して文武、つまり学問と武芸を奨励することで、士風を正そうとした。文武両道に励むよう求めたのであり、後年の「学問吟味《ぎんみ》」と「芸術見分《けんぶん》」へとつながっていく。幕臣を対象に学力試験や武芸の試験が行われ、すぐれた人材が登用された。

しかし、改革の名のもとに社会の引き締めをはかる一連の政策に、当初は青年宰相《さいしょう》・定信の登場を歓迎した世間も、次第に息苦しさを感じはじめる。武士も町人も農民も、窮屈《きゅうくつ》な政治への不満を募《つの》らせていった。

そんな寛政改革を風刺《ふうし》した落首として、「白河の　清きに魚も　棲《す》みかねて　もとの濁りの　田沼恋しき」はよく知られている。社会が乱れていた意次の時代が恋しくなるほど、清廉潔白《せいれんけっぱく》さを求める定信の改革政治を息苦しく思う、名もない庶民たちの怨嗟《えんさ》の声だ。定信が幕府のトップに立った時に流布した落首とは、対照的な内容だった。

こうした社会の空気を敏感に感じ取ったのが、時流に聡《さと》い蔦屋重三郎であった。世相をパロディー化し、シニカルな風刺で笑いを取る黄表紙の特徴を活《い》かして、改革政治を茶化《ちゃか》す作品を世に問うたのである。

改革を風刺する黄表紙の大ヒット

田沼時代、重三郎は人気ジャンルの黄表紙、洒落本、狂歌本、そして浮世絵《うきよえ》の出版にまで手を広げ、今でいう総合出版社としての版元に成長した。そのきっかけとなったのが、安永《あんえい》九年（一七八〇）以降に参入した黄表紙の出版である。そして、人気作家の朋誠堂喜三二《ほうせいどうきさんじ》と恋川春町《こいかわはるまち》を、専属的な作家とした。

その後、寛政改革の時代に入り、改革政治への不満が噴出《ふんしゅつ》しはじめると、タイムリーな話題を取り上げる黄表紙の特徴を活かし、文武奨励の方針を茶化す二つの作品を出版する。売れる、とみたのだ。

『文武二道万石通』に描かれた源頼朝と畠山重忠（国立国会図書館蔵）

一つ目の作品は、天明八年正月に刊行した朋誠堂喜三二作の『文武二道万石通《ぶんぶにどうまんごくどおし》』である。挿絵《さしえ》は喜多川歌麿《きたがわうたまろ》の門人・喜多川行麿《ゆきまろ》が担当した。

この作品の時代設定は鎌倉時代だった。源《みなもとの》頼朝《よりとも》が重臣・畠山重忠《はたけやましげただ》に命じて、大名や小名を文雅《ぶんが》の士と武勇の士のどちらかにふるい分けたが、どちらにも入らない「ぬらくら武士」に対しては、文武二道に精進《しょうじん》するよう諭《さと》すというストーリーだ。ぬらくら武士が慌てふためく様子が面白おかしく描かれた作品であり、それは文武を奨励する幕府への痛烈な皮肉と風刺でもあった。

表向きは鎌倉時代の話だが、頼朝が少年として描かれ、重忠が梅鉢紋《うめばちもん》の裃《かみしも》の姿で描かれた点がミソだった。梅鉢紋は定信の紋所《もんどころ》であり、重忠は定信なのだと読者が連想できる仕掛けが施《ほどこ》されていた。となれば、寛政改革における文武奨励策を茶化した内容であることは、容易に想像できた。重忠の主君たる頼朝は少年であるから、同じく少年の将軍・家斉《いえなり》と連想できた。なお、書名は玄米《げんまい》ともみ殻《がら》を選別する農具の万石通しにひっかけている。

まさしくタイムリーな内容であり、『文武二道万石通』は大きな反響を呼ぶ。喜三二の代表作ともなった。馬琴《ばきん》は「古今未曽有《みぞう》の大流行」とまで評したが（曲亭馬琴『近世物之本江戸作者部類』）、それだけ、江戸では寛政改革に対する不満が広がっていた。同書を読んで、人々は溜飲《りゅういん》を下げた。

重三郎はこの大ヒットを受け、文武奨励策をテーマとする黄表紙を再度企画する。二匹目のドジョウを狙《ねら》って、今度は春町に執筆を依頼した。翌寛政元年（一七八九）正月に『鸚鵡《おうむ》返文武二道《がえしぶんぶのふたみち》』が出版されたが、挿絵は北尾重政《きたおしげまさ》の門人・北尾政美《まさよし》が担当した。

この作品の時代設定は平安時代である。天皇を補佐する菅秀才《かんしゅうさい》（菅原道真《すがわらのみちざね》の子）は武を奨励した。ところが、武勇の競い合いが行き過ぎ、京都の町では騒動が起きてしまう。そのため、文を奨励して聖人や賢人の教えを学ばせたところ、今度はその教えを勘違《かんちが》いして凧揚《たこあ》げが流行《はや》ったり、鳳凰《ほうおう》が姿を見せる現象も起きるという滑稽《こっけい》な物語であった。

人が言ったことをそのまま真似《まね》て答えることを意味する鸚鵡返しのように、文武奨励の方針に愚直《ぐちょく》に従ったところ、社会に混乱が生じたというストーリーであり、菅秀才は定信が

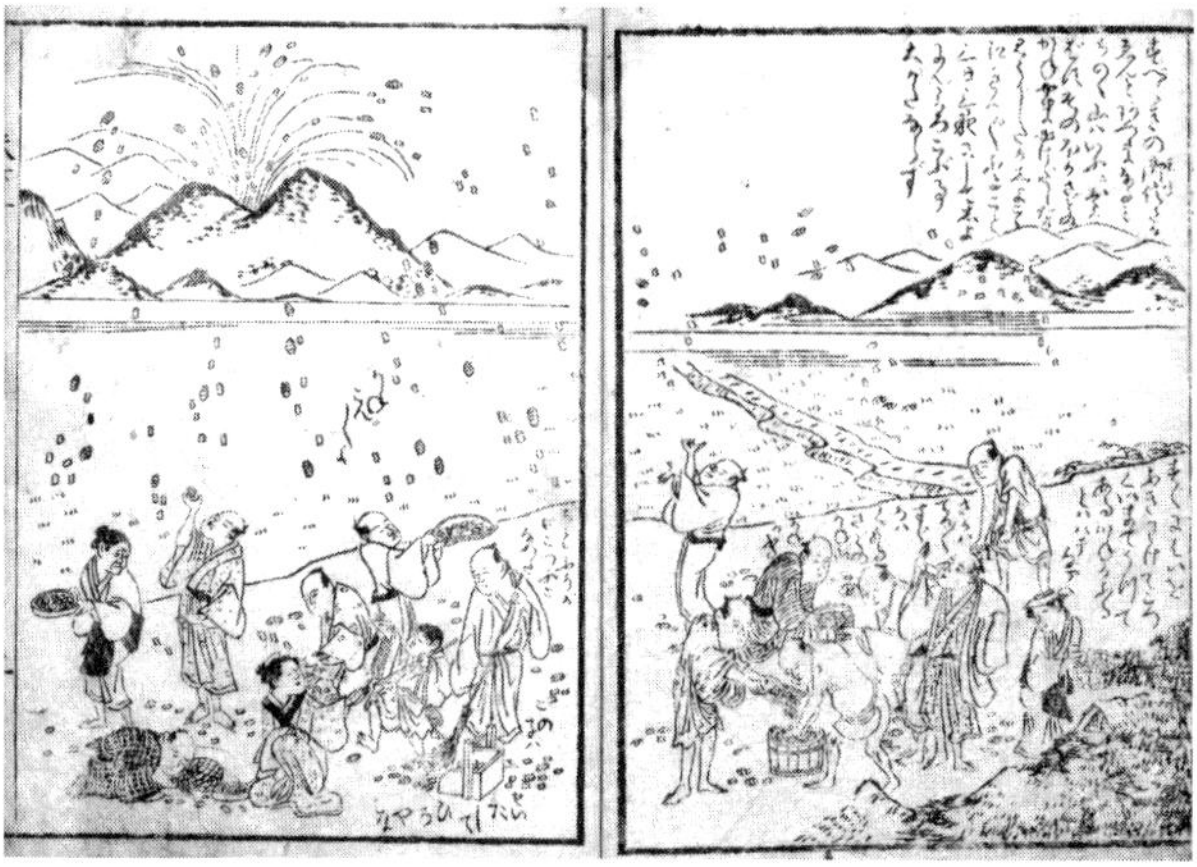

『天下一面鏡梅鉢』（国立国会図書館蔵）

モデルだった。ここまでくると、文武奨励策を茶化すというよりも、政治批判と受け取られても仕方がなかっただろう。

要するに過激な内容であった。そのため、『鸚鵡返文武二道』もまた大ヒットする。定信には『鸚鵡詞《ことば》』という著作があり、これを意識したタイトルとされている。

そのほか、寛政改革を風刺した黄表紙としては、狂歌師の顔も持つ唐来参和《とうらいさんな》の『天下一面鏡《てんかいちめんかがみの》梅鉢《うめばち》』も外《はず》せない。菅原道真の政治により、佐渡《さど》の金山が爆発して小判が降り注《そそ》いだこと、五穀豊穣《ごこくほうじょう》のあまり、翌年の年貢《ねんぐ》まで前納できたことなどが描かれた。

浅間山《あさまやま》の噴火《ふんか》による惨状や大凶作《だいきょうさく》となった現実とは、全くあべこべなストーリーだった。つまりは、褒《ほ》め殺しによって道真（定信）の政治を皮肉った作品なのである。その痛烈な皮肉ぶりが改革に不満を持つ人々に刺さり、製本が間に合わないほど売れた。梅鉢（定信）の善政が天下にあまねく輝く、という意味のタイトルも皮肉に満ちていた。挿絵は、歌麿と同門の浮世絵師・栄松斎長喜《えいしょうさいちょうき》が担当した。

寛政改革を風刺した黄表紙は、軒並み世間の喝采《かっさい》を浴びた。しかし、風刺の対象となった定信にしてみれば、信念をもって断行する自分の政治を批判する出版物に他ならない。到底看過《かんか》できることではなかったのである。

2 言論統制の強化と萎縮《いしゅく》する出版界

❖筆を折った朋誠堂喜三二

松平定信の側近に、田安《たやす》家以来の家臣である水野為長《みずのためなが》という人物がいた。為長は幕政や役人、さらには世間に流布する様々な風聞《ふうぶん》も密《ひそ》かに取り集め、定信に提出していた。

この風聞書《ふうぶんがき》は『よしの冊子《ぞうし》』と呼ばれる。収集した風聞の末尾が「〜のよし」となることが多かったため、そう命名された。将軍が御庭番《おにわばん》を通じて独自に情報を収集し、幕政に反映させたのと同じである。

幕府には、幕臣の行状や幕府役人の勤務状況及び幕政の監察にあたる、目付《めつけ》という役職があった。監察となれば情報収集を伴う。実際に探索にあたったのは目付配下の小人《こびと》目付で、町人に変装することまであった。

つまり、幕政のトップに立つと目付から情報があがってくるが、将軍が御庭番を活用したように、定信も独自に情報を集めて世情を把握しようとしていた。定信は情報収集には極めて熱心で、その際には隠密《おんみつ》を駆使《くし》した。正確な情報を求めるあまり、隠密に隠密を付けたとまで評されたほどだ。とりわけ改革に対する世間の動向には敏感だった。

改革を風刺した黄表紙が世間の喝采を浴びたのは、当然ながらキャッチしていた。由々《ゆゆ》しきこととして、断固たる姿勢を取っていく。

寛政元年四月頃、江戸市中に流れていた風聞として、以下のような話が『よしの冊子』に収録されている。

秋田藩佐竹《さたけ》家の家老《かろう》に、喜三次《きさんじ》という草双紙《くさぞうし》（黄表紙）造りがいた。定信のことを取り上げた作品を刊行したところ、定信が佐竹侯に会った時に、そこもとの御家来で草双紙を造っている者は小説の執筆の才は非常にあると聞くが、家老の器《うつわ》ではないとお話しになった。そのため、佐竹侯は喜三次を江戸藩邸に置くことはできず、国元に帰らせたという話である。

喜三次とは朋誠堂喜三二のことで、定信を取り上げた作品とは『文武二道万石通』のことである。喜三二こと秋田藩士・平沢常富《ひらさわつねとみ》は、佐竹家の家老ではなく江戸留守居役《るすいやく》の間違いだが、定信から殿様に直接クレームが入ったことで、佐竹家では、家臣が幕政批判を展開していると受け取られるのを恐れた。佐竹家もただでは済まないと危機感を強め、喜三二を帰国させた――というわけだ。

実際は、この件について、定信が佐竹家にクレームを入れたことは確認できない。『文武二道万石通』が幕府の忌諱《きい》に触れることは懸念《けねん》しただろうが、帰国まではさせていない。しかし、喜三二は執筆活動の自粛《じしゆく》を余儀《よぎ》なくされる。佐竹家としては、定信を刺激するような作品をこれ以上書かせないようにするため、黄表紙などの執筆については、藩命で筆を折らせた。このまま執筆活動を放置すれば、家臣の管理不行届きということで、佐竹家も無事には済まないと考えたのである。ただし、喜三二は文芸活動まで止《や》めたわけではなく、手柄岡持《てがらのおかもち》の狂名で狂歌などは作り続けた。

世間では喜三二の黄表紙が出版されなくなったことについて、その理由をあれこれ詮索《せんさく》したはずだ。そこから、定信の圧力に屈《くっ》したからではないかという話が生まれ、市中に広まった。その風聞が書き留《と》められ、奇《く》しくも定信の知るところとなった、というのが真相なのだろう。

自殺に追い込まれた恋川春町

藩命により執筆活動を自粛したことで、喜三二は幕府の弾圧《だんあつ》を免《まぬか》れた。だが、恋川春町には悲劇が待っていた。

喜三二の『文武二道万石通』と同じく、春町の『鸚鵡返文武二道』も寛政改革の文武奨励策を風刺した黄表紙である。内容的には『鸚鵡返文武二道』の方が過激だった。社会に与えた混乱が描かれており、幕政批判の作品と解釈されても仕方なかった。そんな作品が世間の喝采を受けることは、定信にとり到底受け入れ難いことであった。

出版されたのは寛政元年正月だが、四月に定信から呼び出しがかかる。春町は小島《おじま》藩松平家の家臣・倉橋格《くらはしいたる》であり、主家を介して出頭命令が下った。

春町は江戸藩邸詰《はんていづめ》が長かった。藩からは高く評価され、当時は年寄本役《としよりほんやく》を務める。藩の重臣だったが、病気を理由に出頭《しゅっとう》を拒否する。

しかし、定信としてはそのまま捨て置くことはできなかった。小島藩を通じて繰り返し出頭を求めただろう。春町も小島藩も対応に苦慮《くりよ》するが、七月に春町は突然この世を去ってしまう。享年《きょうねん》四十六。

人気作家だった春町の不可解な死は、様々な憶測《おくそく》を呼んだ。その真相は不明だが、当時春町が置かれていた状況から自殺説もある。主家に迷惑が掛かることを懸念し、みずから命を絶ったのだという。

春町の主家小島藩松平家は、家康と祖を同じくする松平一門として、幕府の役職が務められる譜代《ふだい》大名である。定信が藩主を務める白河藩松平家は、家康の弟を藩祖とする伊予松山《いよまつやま》藩松平家の分家で、同じく譜代大名だった。

定信からすると、同じ譜代大名の家臣から施政《しせい》を批判されることは、後ろから矢が飛んでくるようなもので、その点でも看過できなかっただろう。よって、小島藩には強い姿勢で臨んだ。その結果、小島藩の重臣だった春町は窮《きゅう》し、自殺に追い込まれたのではないか。

一方、喜三二の主家秋田藩佐竹家は外様《とざま》大名で、幕府としては譜代大名に比べれば遠慮があった。喜三二は運が良かったのかもしれない。

『鸚鵡返文武二道』と同時期に出版された『天下一面鏡梅鉢』も、寛政改革を痛烈に皮肉ったことで製本が間に合わないほど売れた。そのため、只《ただ》では済まず、『天下一面鏡梅鉢』は絶版となる。

重三郎以外の版元が出版した黄表紙も、同じく寛政元年に絶版となっている。石部琴好《いしべきんこう》の『黒白水鏡《こくびゃくみずかがみ》』は、佐野善左衛門《さのぜんざえもん》が田沼意知《おきとも》に江戸城内で刃傷《にんじょう》に及んだ事件を取り上げた黄表紙だが、幕府の忌諱に触れていると絶版。琴好は手鎖《てぐさり》の後、江戸を追放された。手鎖とは庶民だけに科された刑罰で、両手に手鎖をかけて封印するものである。挿絵を担当した北尾政演《まさのぶ》（山東京伝《さんとうきょうでん》）は過料《かりょう》、つまり罰金刑に処せられた。

❖大田南畝《おおたなんぽ》にも危機が迫る

重三郎の見込みどおり、寛政改革を風刺した黄表紙は、改革に対する人々の不満の広がりを示すかのようにベストセラーとなる。しかし、その代償《だいしょう》は大きかった。定信に睨《にら》まれて朋誠堂喜三二は筆を折り、恋川春町はこの世を去った。

二人の売れっ子作家を失ったことは痛かったが、もう一人の売れっ子作家も重三郎は失う。四方赤良《よものあから》として狂歌界を牽引《けんいん》した大田南畝《おおたなんぽ》である。

蔦屋の売れ筋だった狂歌本（絵本）の出版で、南畝が果たした役割は大きかった。だが、定信が幕府のトップに立ったことで、南畝の周囲が俄《にわ》かに慌ただしくなる。

南畝は、狂歌・戯作《げさく》仲間に加えて重三郎とも吉原《よしわら》などで交流を深めたが、そのなかに勘《かん》定組頭《じょうくみがしら》で旗本の土山宗次郎《つちやまそうじろう》がいた。蝦夷地《えぞち》開発などの新規事業を推進した勘定奉行・松本《まつもと》秀持《ひでもち》の配下として、手腕を発揮した田沼派の役人の一人だった。

宗次郎自身が狂歌を詠んでいたこともあり、親しくなったようで、南畝の『三春行楽記《みはるこうらくき》』によれば、天明二年（一七八二）三月九日に、宗次郎の招きで狂歌師の朱楽菅江《あけらかんこう》や平秩東作《へづつとうさく》と吉原を訪れ、大文字屋《だいもんじや》に登楼《とうろう》している。翌朝、菅江と一緒に吉原大門《おおもん》前の重三郎の店を訪ねた後、用意された駕籠《かご》に乗って午後に帰宅したという。

『三春行楽記』からは、狂歌会、詩会、その後の酒宴《しゅえん》、観劇、遊郭《ゆうかく》への登楼、花見などを楽しんでいた様子がわかる。南畝は宗次郎と席をともにすることが実に多く、その屋敷を頻繁《ひんぱん》に訪ねるなど、親交の深さが窺《うかが》える。

田沼派の役人として羽振りが良かった宗次郎の取り巻きとして羽根を伸ばした。しかし、南畝は禄高《ろくだか》も少ない御家人である。御家人は密かに内職に励むのがごく当たり前で、家禄《かろく》だけではこれほどまで遊興《ゆうきょう》できるはずがない。宗次郎と一緒だったからこそ楽しめた。

そうした事情は何も南畝だけにあてはまることではなく、狂歌仲間の菅江にしても同じだが、そこで重三郎が果たした役割も見逃《みのが》せない。南畝たち人気作家と交流を深めることで作品の出版へとつなげた重三郎が、その際の遊興費を負担していたのではないか。重三郎からすれば出版に必要な交際費であり、人気作家の作品を出版できれば、充分にモトは取れると計算したのだろう。

ところが、天明六年（一七八六）八月に意次が老中を辞職し、閏《うるう》十月に減封《げんぽう》などの処罰を受けると、土山宗次郎は富士見御宝蔵番頭に左遷《させん》される。上司の奉行たちも職を追われていく。

そして、宗次郎には公金横領の嫌疑が掛けられた。天明六年二月に幕府は越後《えちご》米を、七月には仙台《せんだい》米も買い付けたが、その代金のうち五百両を着服して、居宅の普請《ふしん》や生活費に使ったという疑いだった。吟味の結果、翌天明七年十二月五日に、宗次郎は重々不届至極《ふとどきしごく》であるとして斬首《ざんしゅ》となる。

　宗次郎と親交が深く、吉原などでの遊興をともにした南畝は、大きな衝撃を受ける。関係者として目を付けられたかもしれないが、さらに心胆《しんたん》を寒からしめる噂《うわさ》が江戸市中に流れた。文武奨励策を皮肉った狂歌として知られる「世の中に　かほどうるさき　ものはなし　ぶんぶといふて　夜も寝られず」の一首は、南畝の作と噂されたのである。このことで、南畝が上司に糾問《きゅうもん》されたという話まで広まっていた。

　それを知った南畝は、『一話一言』でこの噂を否定する。狂歌界を牽引する存在として知られたが故の有名税だったのかもしれないが、その真相はわからない。

　南畝としては、狂歌師としての活動が、士風頽廃を嘆く定信の耳に入ることを恐れたに違いない。だが、『よしの冊子』には南畝に関する風聞が散見され、その活動は既にキャッチされていた。「よの中ハ　蚊ほどうるさき　ものハなし　文武といふて　人をいぢめる」という、似たような一首も収録されている。

　身の危険を感じた南畝は、狂歌を詠むことを一時止めてしまう。要するに、ほとぼりがさめるまで、勤務に精を出し、学問に励んだ（沓掛良彦『大田南畝』）。重三郎は、売れっ子作家をまた一人失ったのである。

出版統制の強化

黄表紙や狂歌などを通じての寛政改革を皮肉る動きに対し、定信は断固たる姿勢を示す。それだけ出版メディアの力を恐れたのだ。この段階では黄表紙の絶版や作者の処罰にとどまり、版元の処罰にまでは至らなかったが、出版界が萎縮《いしゅく》するのは避けられなかった。

その影響を最も受けたのは、売れっ子作家に改革政治を風刺する作品を書かせて、売り上げを伸ばした重三郎であった。幕府から圧力が掛かったことで売れっ子作家を失い、ベストセラーも絶版となれば、その損失ははかりしれない。重三郎も前途に不安を感じたことだろう。

出版界に対する引き締めは、これだけでは終わらなかった。追い打ちをかけるように、出版取締令を次々と布告する。出版界は冬の時代に突入していく。

寛政二年（一七九〇）五月、町奉行所は享保七年（一七二二）十一月令の増補《ぞうほ》という形で、書物問屋《しょもつどんや》仲間に向けて出版取締令を発した。書物問屋とは、専門書や学術書など内容が堅めな出版物を扱う問屋だが、この出版取締令の主な内容は次のとおりである。

書物や草双紙類の新規出版は禁止、どうしても出版したければ町奉行所の指図を受けよ。

時事をすぐに一枚絵として板行《はんこう》することも禁止。猥《みだ》らなことや異説が書かれた本は厳重に取り締まる。好色本は絶版とする。新刊書の奥書《おくがき》には作者や版元の実名を入れよ。作者不明の書物を売買してはならない。子供が読む絵本などで、古代のことであると装って不束《ふつつか》なことを創作してはならない。根拠のない風聞を写本にまとめて貸し出し、レンタル料を取ってはならない――。

出版統制の根拠となる基本法を改めて提示したわけだが、町奉行所が直接統制するのではなかった。書物問屋に検閲《けんえつ》業務を委託《いたく》し、出版取締令に違反した出版物を隠れて売買する者がいれば、町奉行所に届け出ることになっていた。

当時、幕府が問題視したのは黄表紙、つまり草双紙である。この出版取締令では許可なしでの新規出版を禁じたものの、草双紙を扱うのは地本《じほん》問屋であり、書物問屋だけに伝えても取り締まりは不充分だった。

よって同年十月には、草双紙や一枚絵を扱う地本問屋に対し、風俗を乱す猥らがましい本が出版されないよう、行事《ぎょうじ》を二人ずつ定めてチェックすることを命じた。享保年間（一七一六～三六年）の出版取締令も改めて提示し、同令に違反していないかどうかのチェックも併せて命じた。これ以降、地本問屋仲間でも書物問屋仲間と同じく行事が置かれ、一連の検閲業務にあたることになった。

この十月令の対象となった地本問屋二十人は、同令を遵守《じゅんしゅ》する旨《むね》の請書《うけしょ》を提出した。そこには「通油町《とおりあぶらちょう》　武右衛門店　重三郎」の名もみられる。

翌十一月には貸本屋などに対し、新刊の書物及び草双紙や一枚絵を取り扱う際には、書物・地本問屋仲間の行事のチェックを受けるよう命じた。貸本屋から本を借りて読むのが一般的なスタイルだったことを踏まえての対応であった。

3 重三郎処罰の背景

幕府に挑戦した重三郎

この頃、蔦屋重三郎のプロデュースにより洒落本界の第一人者となった山東京伝は、執筆意欲が減退し、筆を折ろうとまで考えていたとされる。北尾政演として挿絵を担当した、石部琴好の『黒白水鏡』が寛政元年に絶版処分となり、作者の琴好は手鎖の上、江戸追放。京伝も罰金刑に処せられたことは大きかった。幕府から処罰されたことで執筆意欲をなくしたのである。

折しも、寛政改革を風刺した黄表紙が幕府の忌諱に触れ、同業者の朋誠堂喜三二は筆を折った。恋川春町に至っては、みずから命を断ったことも耳に入れば、執筆活動に嫌気が差してしまうのも無理はなかっただろう。

しかし人気作家を次々と失って、順調だった出版経営に影が差しはじめていた重三郎にとって、京伝まで失うのは大きな痛手《いたで》であった。説得して、断筆の意思を何とか撤回《てっかい》させる。

寛政二年春頃から、京伝は洒落本『仕懸文庫《しかけぶんこ》』『錦之裏《にしきのうら》』『娼妓絹籭《しょうぎきぬぶるい》』の執筆に取り掛かる。挿絵もみずから担当した。七月中に原稿を仕上げ、三冊分の原稿料と挿絵代の内金として、金一両と銀五匁《もんめ》を受け取る。重三郎と約束していた原稿料と挿絵代は金二両《りょう》三分《ぶ》と銀十一匁であるから、その四割ほどが前払いだったことになる。十月下旬頃までには板木《はんぎ》も出来た。

ところが、同じ寛政二年十月に、風俗を乱す猥らがましい本が出版されないようチェックすることが、地本問屋に命じられる。

ここで問題なのは、今回の洒落本が、風俗を乱す猥らがましい本に該当《がいとう》するか否《いな》かであった。明示されてはいないものの、遊郭を舞台とする小説である洒落本が、発禁対象に含まれる可能性は極めて高かった。例えば、『仕懸文庫』は深川《ふかがわ》の遊里《ゆうり》、つまり岡場所《おかばしょ》を描いた作品だった。

寛政改革では質素倹約のお題目《だいもく》のもと、華美な風俗や贅沢な生活が取り締まりの対象となった。遊郭などは華美な風俗や贅沢な生活のシンボルのような存在であり、遊郭を舞台とする洒落本が風俗を乱す猥らな本と幕府にみなされても仕方がなかった。

しかし、重三郎は板木まで出来上がっていたことから、何とか出版してしまいたいと考える。発禁本とみなされる危険性は承知していたものの、行事による検閲を通過できれば出版は可能なことに目を付けた。

十二月に洒落本三冊の写しを行事のもとに持参し、翌寛政三年（一七九一）春より発売したいので改めて欲しいと依頼した。同月の行事役は馬喰町《ばくろちょう》三丁目（現中央区日本橋《にほんばし》馬喰町）五兵衛店《だな》の吉兵衛と、芝神明門前町《しばしんめいもんぜんちょう》（現港《みなと》区芝大門《しばだいもん》）三郎兵衛店の新右衛門の二人であった。

持ち込まれた写しを読んだ二人は、発売しても差し支えないと答えた。重三郎は京伝にその旨を伝え、翌三年春からの発売に踏み切る。

この時の重三郎の心中を察するに、出版した黄表紙が絶版とされ、人気作家も失ったことへの反発が、ふつふつと湧《わ》きあがっていたのではないか。出版事業を抑え込もうとする幕府への反骨心だ。重三郎は危ない橋を渡ることも辞さず、規制の網をかいくぐって出版に持ち込む。

だが、町奉行所も甘くはなかった。そもそも、寛政改革を風刺する黄表紙を出版したことで、重三郎が目を付けられていたのは間違いない。重三郎自身もわかっていたはずだ。それにも拘《かか》わらず、発禁本とみなされても仕方のない洒落本の出版に踏み切ったのであるから、町奉行所では幕府への挑戦と受け取ったことだろう。

ここに、重三郎が出版した洒落本について、出版取締令違反の嫌疑が掛けられた。関係者への吟味が開始され、寛政三年三月に北町奉行所で判決が下る。

❖罰金刑を受けた重三郎

判決を申し渡されたのは、新両替町《しんりょうがえちょう》一丁目（現中央区銀座《ぎんざ》）に住む伝蔵《でんぞう》こと京伝（三十一歳）、版元で地本問屋の重三郎（四十二歳）、寛政二年十二月に行事役を務めた地本問屋の吉兵衛（五十三歳）と新右衛門（五十歳）、京伝が同居していた新両替町一丁目家主の父・伝左衛門（七十歳）の五人である。

出版取締令に違反しているとして、京伝の洒落本三冊には絶版の判決が下る。風俗を乱す猥らがましい本として認定され、発禁本となった。作者の京伝は手鎖五十日、重三郎と行事二人は、身上《しんしょう》に応じた重過料という罰金刑に処せられた。伝左衛門は息子の監督不行届で、急度叱《きっとしか》り置《お》きとなる（「山東京伝一代記」『続燕石十種第二』）。

判決文からは、作者や版元としての京伝や重三郎の責任はもちろん、出版を許可した行事の判断を町奉行所がかなり問題視したことが窺える。出版取締令違反の有無を行事の判断に任せていた以上、しっかり判断してもらわないとザル法になる恐れが多分にあった。その懸念が現実のものとなったのが、今回の一件だった。

行事の検閲を通過さえすれば出版が可能なことを逆手《さかて》に取り、重三郎は出版取締令に違反する洒落本を堂々と出版した格好だが、なぜ行事は発売しても差し支えないと判断したのであろうか。

この一件について、馬琴は以下のように記している。

洒落本は発禁本だったにもかかわらず、重三郎は利益に目がくらんで京伝をそそのかし、洒落本を出版した。幕府の目を晦《くら》ますため、洒落本を入れる袋に「教訓読本」と記す偽装工作まで施《ほどこ》した。寛政三年正月に出された京伝の洒落本は大ヒットし、版元の重三郎は大いに利益を得たが、町奉行所の耳に入って吟味を受けることになった。一同利欲に目がくらみ、取締令に違反した書物を出版したとして、京伝は手鎖五十日、重三郎は身上半減の闕所《けっしょ》、行事二人は軽追放となった。

（曲亭馬琴『伊波伝毛乃記』）

重三郎も行事も処罰は身上に応じた重過料だが、出版しても差し支えないと行事が判断した背景には、裏事情があったと馬琴は指摘する。二人の行事は同じ地本問屋といっても、実態は裏長屋住まいの製本業者で、重三郎に対して出版不可とは答えられなかったというのだ。重三郎とは同業者の関係でもあるから、その判断はなかなか下しにくかっただろう。

要するに、重三郎との力関係が働いた結果、発禁本とは思いつつも黒を白と答え、二人は思わぬ罪を負ってしまう。大企業の意向に、中小企業としては従わざるを得なかったという図式だ。重三郎は、若干の金子《きんす》を二人に届けたという（曲亭馬琴『近世物之本江戸作者部類』）。

馬琴の記述が、どこまで真相を伝えているのかはわからない。そもそも、身上に応じた重過料の処罰だったにも拘わらず、身上半減の闕所とあえて書き残していることに重三郎への複雑な感情をみることは難しくない。だが、重三郎は発禁本とみなされる危険性を承知していたはずであり、自分のために処罰を受けることになった二人の行事に金子を届けたという馬琴の記述については、あながち偽《いつわ》りとは言い切れないだろう。つまりは良心が咎《とが》めたのである。

❖書物問屋・須原屋市兵衛《すはらやいちべえ》も処罰される

前回の罰金刑に続けて、今回も幕府から処罰を受けた京伝が、大きなショックを受けたのは想像するにたやすい。筆を折ることはなかったものの、幕府の目を恐れた結果、以後五～六年の間、京伝の黄表紙は勧善懲悪《かんぜんちょうあく》を説くものになってしまったという。

寛政改革における出版取り締まりを経て、黄表紙は長編化が進み、合巻《ごうかん》と呼ばれる伝奇的な絵画娯楽小説に変わる。馬琴の『南総里見八犬伝《なんそうさとみはっけんでん》』などはその代表格だ。洒落本については事実上の発禁本となったことで遊郭は描けなくなり、代わって人情本と呼ばれる絵入りの恋愛小説が盛んに出版された。これは女性を読者に想定したものである。

かたや重三郎だが、身上に応じた重過料といっても、身代が傾くほどの罰金ではなかった。しかし、その出版活動に影響が出るのは避けられなかった。重三郎のみならず、江戸の出版界としても、政治を風刺する出版物はもちろん、洒落本の出版も自重《じちょう》せざるを得なくなる。

幕府としては、今回の重三郎の処罰はまさに見せしめであり、一罰百戒《いちばつひゃっかい》の効果を狙ったことは明らかだった。だが、重三郎は豪胆《ごうたん》な男であるから、さほど恐れ入ったようには見えなかったと馬琴は証言する（曲亭馬琴『伊波伝毛乃記』）。

翌寛政四年（一七九二）五月には、琉球《りゅうきゅう》・朝鮮・蝦夷地三国の地理を図示解説した『三国通覧図説《さんごくつうらんずせつ》』、海防の必要性を説いた『海国兵談《かいこくへいだん》』が幕府の忌諱に触れ、町奉行所は著者の林子平《はやししへい》に対して、仙台での蟄居《ちっきょ》を命じた。子平の兄は仙台藩士だった。出版物と板木は没収された。

異説が書かれた本は厳重に取り締まるとした、出版取締令に基づく処罰であった。いたずらに無用の説を立て、人心を動揺させたというわけだが、版元の書物問屋・須原屋市兵衛《すはらやいちべえ》や改め役の行事も処罰されている。

市兵衛は、江戸の書物問屋の代表格・須原屋茂兵衛の分家である。『解体新書《かいたいしんしょ》』など蘭学書の版元として知られたが、子平の『三国通覧図説』を出版した廉《かど》により、身上に応じた重過料として、三十貫文《かんもん》の罰金刑に処せられた。行事たち五人も改めが不充分であったとして、過料十貫文ずつの罰金刑となった（東大和市教育委員会『里正日誌 第3巻』）。

重三郎たちが処罰された、前年の判例に準拠した判決であったとすれば、重三郎が支払った罰金も同じぐらいだったのではないか。仮に銭三十貫文ならば、金一両＝銭四貫文の公定相場で計算すると七・五両となるから、身代が傾くほどの罰金ではなかった。馬琴が主張する身上半減の闕所に比べれば、はるかに軽い処罰だった。

❖老中退任後の定信の意外な顔

このように、松平定信は寛政改革を批判する出版物に対して、断固たる姿勢を取った。政治批判はいうに及ばず、風紀を乱すとみなした出版物についても容赦《ようしゃ》しなかった。

寛政五年（一七九三）七月に定信が老中を退任した後も、幕府の政策基調は変わらなかった。定信が抜擢《ばってき》した老中や実務を執《と》った役人たちはそのままで、改革政治の方針も踏襲《とうしゅう》されたからだ。そのため、彼らは「寛政の遺老《いろう》」と位置付けられることが多い。

定信が幕府トップの座を退《しりぞ》いた時はまだ三十六歳で、人生の半分を生きただけに過ぎなかった。一方、その後半生はほとんど知られていない。寛政改革のイメージがあまりに強かったことが理由だが、後年、意外な顔を見せている。実は、定信が江戸の文化面に果たした役割は実に大きく、文化事業を展開することで、後世に貴重な遺産を残す。

もともと、定信は文化にたいへん理解のある人物であった。青年期に『よしの冊子』の編者である水野為長《みずのためなが》から和歌を、幕府御用絵師の木挽町《こびきちょう》狩野《かのう》家第六代目・狩野栄川院《えいせんいん》からは絵画を学んだ。その後、絵師を動員して数多くの作品を描かせており、白河藩の御用絵師として、江戸後期の画家として著名な谷文晁《たにぶんちょう》や亜欧堂田善《あおうどうでんぜん》も抱《かか》えていた。

文晁と田善は白河藩の公務として画筆をふるったが、定信は他藩の御用絵師にも仕事を依頼している。『江戸一目図屛風《えどひとめずびょうぶ》』などの作品で知られる鍬形蕙斎《くわがたけいさい》は、その一人だ。重三郎の出版物の挿絵を担当したこともある、北尾政美《まさよし》その人である。京伝とは同門にあたった。

当初は浮世絵師として活動していた蕙斎に、人生の転機が訪れたのは寛政六年（一七九四）、美作津山《みまさかつやま》藩松平家に絵師として召し抱えられた時である。これを機に蕙斎と名を改めた。同九年（一七九七）には祖母の実家の鍬形姓を名乗ったことで、ここに鍬形蕙斎が誕生する。津山藩に出仕《しゅっし》後、蕙斎は木挽町狩野家第七代目・狩野養川院《ようせんいん》に入門している。

享和《きょうわ》三年（一八〇三）に、蕙斎は『東都繁昌図巻《とうとはんじょうずかん》』（千葉市美術館蔵　一巻本）を製作した。飛鳥山《あすかやま》の花見、日本橋魚河岸《うおがし》の盛況、両国橋《りょうごくばし》の夕涼みという、江戸の春から夏にかけての景観、その賑《にぎ》わいぶりを活写した作品だ。漢文の詞書《ことばがき》を添えたのは定信の側近四名である。巻首《かんしゅ》には定信の蔵書印もあり、定信の依頼を受けて製作・納品された作品と推定されている。

❖定信の文化事業に動員された京伝たち

文化《ぶんか》三年（一八〇六）には、蕙斎は定信の依頼を再び受け、今度は『近世職人尽絵詞《きんせいしょくにんづくしえことば》』（東京国立博物館蔵　三巻本）を製作した。大工、屋根葺《やねふき》職人、畳職《たたみしょく》など、数十種類に及ぶ職人の風俗のほか、庶民生活の様子も描かれた作品であった。それぞれの図には、描かれた職人に関する故事来歴《こじらいれき》などが綴《つづ》られた詞書も添えられ、江戸の職人の実像を知る上での貴重な歴史史料となっている。

上中下の三巻から構成される『近世職人尽絵詞』の、「絵」を担当したのは蕙斎だが、「詞」は別の人物だった。上巻は四方赤良、中巻は朋誠堂喜三二、下巻は山東京伝が担当している。いずれも、寛政改革では要注意人物とされた者たちである。

四方赤良こと大田南畝は身の危険を感じ、狂歌を詠むことを一時止めた。喜三二は幕府の忌諱に触れることを恐れた藩命に従い、筆を折った。京伝は洒落本が出版取締令に抵触し、手鎖五十日の処罰を受け、洒落本は絶版となった。

出版統制が強化されるなか、執筆活動の中止、あるいは修正を余儀なくされた三人だが、この時期定信は幕府の役職には就《つ》いておらず、無役《むやく》の大名に過ぎない。幕府トップの立場からすると、三人の活動は危険視せざるを得ないが、幕政にタッチしていない無役の身としては、別に要注意人物ではなかった。

むしろ、彼らの文才を文化事業に活用したいと考え、『近世職人尽絵詞』の詞書を担当させた。それだけ、定信は三人の才能を評価していたが、三人がどういう気持ちで定信のオファーを承諾したのか、たいへん興味深いところである。蕙斎にしても、春町の死の原因となった『鸚鵡返文武二道』の挿絵を、北尾政美時代に担当したことがあった。

定信が蕙斎に製作させたのは、『東都繁昌図巻』や『近世職人尽絵詞』だけではない。吉原の遊女の一日を十二の時に分けて描いた『吉原十二時絵詞《よしわらじゅうにときえことば》』も、定信が蕙斎に依頼した作品だった。「絵」は蕙斎だが、「詞」は京伝の担当である。吉原をテーマとした本であることから、吉原の事情に通じた京伝に白羽の矢が立ったのは明らかだった。

そもそも、幕府トップの立場ならば、吉原の遊女をテーマとする作品など発注できなかったはずだ。風俗を乱すとして取り締まりを強化するところだが、幕政にタッチしていない今の立場ならば、そんな縛《しば》りはない。

『吉原十二時絵詞』からは、政治家としては吉原に厳しい姿勢を取ったものの、文化人としては好意的な顔が見えてくる。そんなスタンスの使い分けは、京伝たちを『近世職人尽絵詞』の製作スタッフに加えたことからも確認できよう。

重三郎も驚くような定信のプロデュース力であったが、この時、重三郎は既に泉下《せんか》の人となっていたのである。

第六章

なぜ蔦屋重三郎は東《とう》洲《しゅう》斎《さい》写《しゃ》楽《らく》を売り出したのか？

――新たな挑戦と早過ぎた死

1　書物問屋《しょもつどんや》の顔も持つ

❖学問ブームの到来

寛政《かんせい》改革では社会を引き締める一環として、出版物の取り締まりが強化された。幕府は出版取締令を次々と布告し、改革政治を風刺《ふうし》する出版物は絶版処分とした。

さらに、一罰百戒《いちばつひゃっかい》の効果を狙《ねら》って、江戸の出版界をリードする蔦屋重三郎を処罰した。成り上がり者の重三郎からすると、出る杭《くい》を打たれた格好だった。出版界は萎縮《いしゅく》し、冬の時代に突入していく。

しかし、すべてのジャンルが冬の時代だったわけではない。活況を呈《てい》したジャンルもあった。学術書や教訓を説く出版物の需要は高まっていたのである。

寛政改革では、田沼時代に社会風俗《ふうぞく》が乱れたという前提のもと、その矯正《きょうせい》に力が入れられた。贅沢《ぜいたく》は敵とばかりに質素倹約《しっそけんやく》が励行《れいこう》されたが、その際には道徳教育が重視される。質素倹約に限らず、教育を通じて幕府が考える正しい道に人々を導こうとしたのだ。いわゆる教化である。

よって、寛政改革では文教政策が重要な柱となる。その流れのなか、文武が奨励《しょうれい》された。幕臣の場合は文武両道に精励《せいれい》、そして卓越《たくえつ》する者が、すぐれた人材として登用される事例が少なくなかった。

大田南畝《おおたなんぽ》が狂歌を詠《よ》むことを一時止《や》め、勤務に精を出すとともに学問に励んだのは、幕府から危険視されることを避けるとともに、この時流に乗って立身出世する狙いもあった。人材登用のために実施された寛政《かんせい》六年（一七九四）の学問吟味《ぎんみ》で、南畝は御家人《ごけにん》の部において首席の成績を収める。

そして同八年（一七九六）に、親代々の御徒《おかち》という身分から、支配勘定《しはいかんじょう》への出世を果たす。俸禄《ほうろく》についても、御徒の家禄《かろく》七十俵《ぴょう》五人扶持《ぶち》から百俵五人扶持へとアップした。末端ではあったが、幕府の財政を預かる勘定所での勤務がはじまる。

南畝のような事例が刺激となり、幕臣の間では、立身出世を目指して学問や武芸のブームが沸《わ》き起こる。この流れは幕府にとどまらず、諸藩にも波及していく。

ただし、学問が奨励されたといっても、あくまでも幕府が正当と判断した学問に限られた。歴史教科書でも取り上げられることが多い「寛政異学の禁」などは、そんな幕府の方針を象徴するものである。

寛政二年（一七九〇）に幕府は、儒学《じゅがく》のなかでも朱子学《しゅしがく》を正学《せいがく》とする寛政異学の禁を発した。中国から伝来した儒学には朱子学をはじめ、古学《こがく》、陽明学《ようめいがく》など、いくつもの学派があったが、朱子学が正学とされたのは、儒学のなかでも特に身分秩序、つまりは現状維持を重視していたからである。支配者の幕府にとってみれば、実に都合が良い学派だった。寛政異学の禁により、湯島聖堂《ゆしませいどう》付属の学問所（後の昌平坂《しょうへいざか》学問所）では、朱子学以外の学問を教えることが禁じられる。

庶民に対しては、親孝行などの善行を積むことを奨励した。寛政元年（一七八九）、幕府は庶民教化策の一環として、これまで善行に励んでいるとして褒賞《ほうしょう》された、農民や町人に関する全国調査を開始する。諸藩や幕府の代官に、農民や町人の褒賞事例を報告させ、同十二年（一八〇〇）に、五十巻五十冊に及ぶ善行集『孝義録《こうぎろく》』が完成した。八千人以上もの善行者が収録された『孝義録』は、翌享和《きょうわ》元年（一八〇一）に幕府から刊行される。

『孝義録』は庶民を対象に編纂《へんさん》・出版されたため、読みやすい和文体となっていた。南畝は当時勘定所勤めだったが、その文才に白羽《しらは》の矢《や》が立ち、編纂事業に携わる。庶民の教化を目指す文教政策に動員されたのである。

❖学術書のジャンルを強化する

こうして、武士の間では立身出世を目指して学問や武芸に励むことが、庶民の間では善行を積むことがブームとなった。となれば、ブームに便乗《びんじょう》した出版物への関心が高まるのは、いつの世も同じである。

需要の高まりを受けて、版元は学術書や教訓を説く出版物、つまりは堅い内容の本の出版に乗り出し、一連のジャンルが俄《にわ》かに活況を呈《てい》する。そんな版元の一人こそ、他ならぬ重三郎だった。

専門・学術書に比べると、内容が柔らかい大衆的な出版物（地本《じほん》）を主に出版してきた重三郎だが、寛政改革開始の翌年にあたる天明《てんめい》八年（一七八八）頃から、そのジャンルに変化がみられる。以後は、和算書《わさんしょ》、暦書《れきしょ》、貨幣書、書道書、神書、仏書、道教書、和歌注釈書、文法書、儒書、心学書《しんがくしょ》、俳書《はいしょ》、随筆、辞書、類書、国学書など、書物問屋《しょもつどんや》が扱う「物之本《もののほん》」と呼ばれた硬派の本の出版が増え、ジャンルの幅をさらに広げたという。

時系列でみると、文武奨励を皮肉る黄表紙《きびょうし》を出版する一方で、文武奨励の時流に乗る形で、学術書の出版に力を入れたことになる。改革路線を風刺する作品を出版しながら、学問ブームに乗って改革路線に迎合《げいごう》する出版物を刊行したのだ。一筋縄《ひとすじなわ》ではいかない重三郎のしたたかさが見えてくる。いわば、二つの売れ筋を持つことで売り上げアップを目論《もくろ》んだ。

庶民に善行を積むよう奨励したことで、教訓を説く出版物の需要も高まるが、当時は心学《しんがく》という学問が流行《はや》っていた。心学とは石田梅岩《いしだばいがん》が唱《とな》えた教えで、心を正しくして身を修《おさ》めることを、平易《へいい》な言葉や比喩《ひゆ》で町人に説いたものである。その流行に目を付けた重三郎は、心学者・中沢道二《なかざわどうに》の『道話聞書《どうわききがき》』（後に『道二翁道話《どうにおうどうわ》』と改題）を出版している。

文武のうち武については、武者《むしゃ》絵本と呼ばれるジャンルを強化した。武者絵とは、歴史に名を残した武将や伝説の豪傑《ごうけつ》が活躍する場面を描いた作品のことで、古くよりあるジャンルだった。寛政元年から、北尾重政《きたおしげまさ》の挿絵《さしえ》による武者絵本のシリーズを出版している。まさに尚武《しょうぶ》の時流を当て込んだ出版だった。

しかし、寛政三年（一七九一）三月に、山東京伝《さんとうきょうでん》の洒落本《しゃれぼん》を出版した廉《かど》で処罰されると、改革路線を風刺する作品は出版できなくなってしまう。そのぶん、改革路線に沿ったジャンルの強化を迫られたが、それを予期していたかのように重三郎は次なる一手を既に打っていた。

書物問屋株の取得

天明三年（一七八三）に地本《じほん》問屋の株を手に入れて吉原《よしわら》から日本橋《にほんばし》に拠点を移した重三郎は、幕府から処罰されたのと同じ寛政三年三月に、書物問屋仲間に加入している。処罰される直前に、書物問屋の株を手に入れたのだろう。

本を出版する場合、学術書など堅い内容の本は書物問屋、黄表紙など柔らかめな内容の本は地本問屋の許可を取る必要があった。つまり、書物・地本問屋仲間に置かれた行事《ぎょうじ》による改めを受けた。そして出版取締令に抵触《ていしょく》する内容ではないと判断されれば、出版の運びとなる。

江戸の書物問屋でなくても、行事による改めを通過できれば、学術書を江戸で出版できた。ただし、書物問屋に出版の申請《しんせい》を代行してもらう必要があり、その点、面倒であった。書物問屋との相版《あいはん》つまり共同出版の形であれば許可がスムーズに取れたためか、重三郎にも相版での出版事例がある。これもまた書物問屋との事前交渉が必要だった。

しかし、自分が書物問屋であれば、一連の煩《わずら》わしさから解放される。書物問屋に気兼ねすることなく、企画を進行できた。学問ブームを受けて、学術書などの需要が高まっている機会を最大限に活《い》かすため、書物問屋仲間に加入したのである。

加入が認められるまでには相応の時間が必要な以上、寛政三年三月以前より準備を進めていたことはいうまでもない。奇《く》しくも、処罰された時期と加入が認められた時期が、重なってしまったのだろう。

書物問屋に加入すると、出版面だけでなく流通面でのメリットも大きかった。販売ルートを確保することで営業力の強化も期待できたため、学術書の売り上げを伸ばすには、書物問屋となるのが一番の早道でもあった。

地本問屋と書物問屋を兼ねる事例は珍しくなかったが、これにより重三郎は、江戸の出版界における立場をさらに固める。なお、書物問屋には通町組・中通組・南組の三組があり、重三郎は中通組に加入している。

❖本居宣長《もとおりのりなが》への接近

書物問屋の株も取得することで、学術書などのジャンルを強化する基盤を整えた重三郎は、この時期、京都や大坂、そして、三都に続く大都市として発展する名古屋の版元との関係を強めている。書物問屋仲間に加入する以前から、京都・大坂・名古屋の版元と共同出版する事例が増えていた。全国的な展開を見据《みす》えた出版戦略を志向していたことがわかる。

なかでも、重三郎は名古屋の版元との関係を重視した。名古屋では経済発展を背景に、学問のみならず俳諧《はいかい》や遊芸といった文化活動も盛んで、関連の書物も多数出版されていた。それだけの需要があった。つまりは新たな販路として注目したのである。

当時、国学と呼ばれた学問が隆盛《りゅうせい》を迎えていた。国学とは儒学（儒教）や仏教が伝来する以前の日本固有の思想文化を、古典研究を通じて明らかにしようという学問のことである。

その先駆者《せんくしゃ》である僧・契沖《けいちゅう》は、『万葉集《まんようしゅう》』を中心に和歌の注釈を行い、代表作には『万葉《まんよう》代匠記《だいしょうき》』がある。京都の伏見稲荷神社《ふしみいなりじんじゃ》の神職の家に生まれた荷田春満《かだのあずままろ》は、『万葉集』『古事《こじ》記《き》』『日本書紀《にほんしょき》』研究の基礎を築き、その門人で浜松《はままつ》の神職の家に生まれた賀茂真淵《かものまぶち》は、『万葉集』『古事記』の研究をもとに、外来思想伝来以前の古代人の思想に戻ることを主張した。さらに、その門人で伊勢松坂《いせまつさか》（現三重県松阪市）の商家に生まれた本居宣長《もとおりのりなが》は、『古事記』の注釈書である『古事記伝』を出版したことで知られる。

国学の隆盛に大きく寄与したのは、何といっても国学者の著作だった。実に数多くの著作が出版されており、いかに国学を学びたい者が多かったかがわかる。そんな需要の大きさを、時流に聡《さと》い重三郎が見逃《みのが》すはずもなかった。

まずは、江戸在住の国学者で、真淵の門人にあたる加藤千蔭《かとうちかげ》や村田春海《むらたはるみ》にアプローチし、寛政四年（一七九二）九月に、千蔭の『ゆきかひふり』を京都・大坂・名古屋の版元と共同で出版する。重三郎が最初に出版した国学に関する書籍とされている。

かたや、千蔭たちと同門の宣長は、既に多くの著作を世に出していた。もちろん、江戸でも販売された。いわば売れっ子であった宣長の著作出版を、重三郎が熱望したことは想像に難《かた》くない。千蔭や春海を通じて宣長へのアプローチを試み、ついに宣長のもとを訪ねることになる。

重三郎が松坂に赴《おもむ》いて宣長と対面したのは、寛政七年（一七九五）三月二十五日のことである。宣長の著作出版に加え、既刊本の江戸での販売元に指定されることが、訪問の目的だったとされる。

宣長との初対面は、重三郎にとって上首尾《じょうしゅび》に終わった。重三郎からの申し出を、宣長は受け入れたのである。

それから三カ月後の六月二十六日に、『手《た》まくら』の江戸での販売元となることが、書物問屋仲間の行事から許可される。八月六日には、『玉勝間《たまがつま》』の販売元となることも許可された。出版だけでなく、販売にも書物問屋仲間の許可が必要だった。

翌寛政八年には、名古屋の版元・永楽屋東四郎《えいらくやとうしろう》との共同出版で、宣長の『出雲国造《いずものくにのみやつこ》神寿後釈《かむよごとこうしゃく》』が江戸で販売となる。宣長の著作の出版、江戸などでの販売には名古屋の版元が深く関《かか》わっていたことから、重三郎の方から共同出版でと申し出たのだろう。その方が宣長の承諾を得やすいと考えたのだろうが、名古屋の版元との関係を重視する重三郎にとっても最善の方法であった。

重三郎は国学の四大人《しうし》に数えられる宣長の著作を出版することにも成功したのである（大和博幸『江戸期の広域出版流通』）。

2 写楽で浮世絵界《うきよえかい》に新風を吹き込む

浮世絵にも幕府の目が光る

寛政二年十月、幕府は地本問屋に対し、風俗に悪影響を及ぼす本が出版されないよう、絵本や草双紙《くさぞうし》の類《たぐい》まで行事にチェックさせることを命じたが、その際、一枚絵には以下の見解を示していた。

> 一枚絵の類は絵だけであるから、大概《たいがい》は問題にしない。もっとも、言葉などが添えられている場合はしっかりと改めよ。問題がある内容ならば、出版してはいけない。行事による改めを受けて修正に応じない場合は、奉行所《ぶぎょうしょ》に訴えよ。改めが行き届いていない場合などは、行事の落ち度とする。

これにともない、出版界としては学術書などの出版に加え、浮世絵《うきよえ》のジャンルを強化することで冬の時代を乗り切ろうとする。その魁《さきがけ》となったのが人気絵師の喜多川歌麿《きたがわうたまろ》を抱《かか》える重三郎だった。

それまで、歌麿は狂歌絵本などの挿絵を数多く描いてきたが、当時は美人画に進出していた。その際には大首絵《おおくびえ》の手法を取り入れることで、全身像で一世を風靡《ふうび》した鳥居清長《とりいきよなが》の美人画との差別化をはかった。無表情に描いた清長に対し、歌麿は女性の性格や心情が、滲《にじ》み出るように描いたのである。この試みは見事に当たり、歌麿は、清長に代わって美人画の第一人者へと躍り出たことは第三章で述べた。

寛政四年から六年にかけて重三郎が出版した歌麿の美人画は、市井《しせい》の美女を描いたもの、吉原のシンボルとなっていた遊女屋の人気遊女を描いたもの、そして、女性の内面の真実に迫った『婦人相学十躰《ふじんそうがくじってい》』などの作品に大別できるとされる。なかでも、江戸で爆発的な人気を得たのは、『当時三美人』に代表される市井の美女を描いた作品であった。

ちょうど歌麿がデビューした頃、笠森《かさもり》お仙《せん》に象徴される、水茶屋の看板娘を取り上げた鈴《すず》木春信《きはるのぶ》の浮世絵が人気を博したものの、一時的な現象にとどまる。しばらくの空白期間を経た後に、重三郎は歌麿に市井の看板娘を描かせた。これが大ヒットしたのである。

『当時三美人』は、江戸市中で人気だった三人の町娘を描いた作品であった。左下に手ぬぐいを肩に掛ける高島屋《たかしまや》おひさ、中央に豊雛《とよひな》、右下には団扇《うちわ》を手にした難波屋《なにわや》おきたが描かれる構図だった。おひさは両国米沢町《りょうごくよねざわちょう》で煎餅屋《せんべいや》を営む高島屋の娘、豊雛は浄瑠璃富本節《じょうるりとみもとぶし》の名《な》取《とり》、おきたは浅草寺《せんそうじ》随身門脇《ずいしんもんわき》で水茶屋を営む難波屋の娘で、この三人は寛政三美人と称された。豊雛の代わりに、芝神明《しばしんめい》前の水茶屋菊本《きくもと》のおはんを含める場合もみられる。

『当時三美人』の大ヒットを受け、歌麿が描いた娘たちは一躍江戸のアイドルになる。一目見たい者たちが店に押し寄せたのだ。二匹目のドジョウを狙《ねら》って、市井の娘を描いた浮世絵も次々と出され、モデルとなった娘たちがアイドル化していく。

だが、そうしたブームを、幕府が問題視する。『よしの冊子《ぞうし》』にも難波屋おきたなどの風聞が収録されており、歌麿の美人大首絵の人気ぶりは定信《さだのぶ》の耳にも入っていた。今や水茶屋を営む者は我も我もと美女を雇《やと》おうとしており、今のうちに市井の美女を描くことを禁止すべきであるとの意見も収録されていた。この風潮が風俗の乱れにつながるのを危惧《きぐ》したのである。

寛政五年（一七九三）八月、町奉行所は地本問屋仲間の行事に対し、この風潮を問題視して善処《ぜんしょ》を求める。その結果、女性を描いた一枚絵に、その名前などが書かれている場合は削《けず》り取ることになった。

以後、モデルとなった女性の名前を、浮世絵に書き入れることは禁止される。名前が書かれていなければ、モデルは特定できず、アイドル化することもないと考えたのだ。それだけ、幕府は浮世絵というメディアの力を危険視した。

歌麿はこれに対し、判《はん》じ絵《え》で対抗する。絵でモデルの名前がわかるように工夫し、規制の網をくぐって美人画を描き続けた。したたかな歌麿の姿が見えてくるが、重三郎のアドバイスもあったのだろう。

❖衝撃的なデビューを果たした写楽

美人大首絵で美人画の第一人者となり、判じ絵で幕府の取り締まりをかいくぐった歌麿だが、重三郎との間には隙間風《すきまかぜ》が吹きはじめていた。これまでは蔦屋の専属絵師のような立ち位置だった。ところが、寛政六年頃より他の版元からの出版が増えてくる。

二人が微妙な関係となった理由だが、一人の浮世絵師の存在に注目しないわけにはいかない。その浮世絵師こそ、謎《なぞ》の絵師としてのイメージが強い東洲斎写楽である。

この頃、重三郎は、写楽の売り出しにたいへん力を入れていた。自尊心の強い歌麿がこれに反発したことで、重三郎との関係が悪化したと語られることも多い。歌麿、写楽、重三郎の三角関係の結果、歌麿と重三郎が疎遠《そえん》になったという見立てだ。

しかし、浮世絵のジャンルで人気があったのは、美人画と役者絵である。重三郎は美人画では歌麿をプッシュし、役者絵では写楽を売り出そうと目論んだはずだ。

写楽の活動期間は寛政六年五月から翌年一月までの十カ月に過ぎなかった（寛政六年には

閏《うるう》十月があるため）が、その作品数は百四十点を超える。九割以上が役者絵で、相撲《すもう》絵と武者絵などが若干《じゃっかん》だった。すべて、重三郎が出版している。

写楽は浮世絵界に彗星《すいせい》のごとく登場したが、十カ月後には忽然《こつぜん》と姿を消したことで謎多き人物とされる。本名、生没年、絵を学んだ師匠などもまったくわからないものの、その正体は、徳島藩のお抱え能役者・斎藤十郎兵衛《さいとうじゅうろべえ》とする説が有力である。

重三郎は、出版取り締まりの強化がもたらした経営危機を乗り切りたいとの思いから、美人画、そして役者絵に手を伸ばした。寛政五年より美人画の取り締まりが厳しくなったのを受け、役者絵にも参入しようとしたのかもしれない。いずれにせよ、尋常《じんじょう》な手段では、無名の絵師の作品が注目を浴びることは難しかった。

よって、重三郎は物量作戦を取る。写楽が浮世絵界にデビューした寛政六年五〜六月に、二十八点もの役者絵を一挙に出版し、マーケットを写楽の作品で占めようとはかった。写楽の作品は四期に分けられるのが定番だが、これは第一期にあたる。

写楽のデビューに際しては、単に量で圧倒しようとしただけではない。作品にもいろいろな工夫が施《ほどこ》された。特筆すべきは、黒雲母摺《くろきらずり》の手法を用いたことであろう。

雲母《うんも》や貝殻《かいがら》の粉末を用いて背景を摺り上げる技法を雲母摺と呼ぶが、地の色が黒ならば黒雲母摺、白ならば白雲母摺、紅ならば紅雲母摺といった。雲母摺には光沢感やグラデーションを演出する効果があり、見栄《みば》えが良かった。既に歌麿の美人画では白雲母摺が用いられており、重三郎の指示により写楽の役者絵でも同じ技法が用いられたとされる。

サイズは大判（縦約三十九センチ×横約二十六・五センチ）で、中判（縦約二十六・五センチ×横約十九・五センチ）の二倍の大きさがあった。サイズの大きさでインパクトを強めたいという狙いもあったのだろう。そして、大首絵で描かれた。

モデルとなった役者の描き方だが、眉《まゆ》、目、鼻、口の表情がデフォルメされていることが特徴とされる。手の動きにより、心情を表現する手法も取られた。

❖十カ月で消えた写楽

こうした工夫が施された写楽の役者絵が出版されると、大きな反響を呼ぶ。注目すべきは、市川蝦蔵《いちかわえびぞう》（五代目市川團十郎《だんじゅうろう》）のような人気役者も描かれたが、むしろ中堅や若手の役者を描いた役者絵の方が多かったことである。

第一期の役者絵は、江戸三座それぞれの興行《こうぎょう》に合わせる形で出版された。当時三座の経営は厳しく、控櫓《ひかえやぐら》での興行を余儀《よぎ》なくされていた。江戸三座とは中村座《なかむらざ》、市村座《いちむらざ》、森田座《もりたざ》のことだが、経営の悪化で興行を打てない場合は、代わりに控櫓の三座が興行するのが慣例だった。中村座は都座《みやこざ》、市村座は桐座《きりざ》、森田座は河原崎座《かわらさきざ》が控櫓である。この時期は三座

『写楽名画揃』に収録された写楽の絵（国立国会図書館蔵）

とも控櫓が興行するという窮状《きゅうじょう》だった。歌舞伎《かぶき》界としては、客入りが悪く活気がなかった現状を打開するための、テコ入れに迫られていた。そこで登場したのが重三郎なのである。

役者絵の大量出版には、歌舞伎への関心が高まる起爆剤となる期待も込められていた。中堅や若手の役者を描いた作品を数多く出版したことには、新たなスター誕生への期待があった。写楽の役者絵とは、何としても活気を取り戻したい歌舞伎界の要請《ようせい》に応《こた》えたタイアップ企画だったのである。

第三章でも述べたが、重三郎は吉原のメディア戦略を担《にな》っていた。吉原をテーマとする出版物を通して人々の関心を高め、集客アップにつなげたが、今度は歌舞伎界のメディア戦略を担う。そこで彗星のごとく登場したのが、浮世絵界の新たなスターとなる写楽であった。

第二期にあたる寛政六年七月から十月にかけても、写楽の役者絵が三十八点も出版される。七月と八月の芝居に合わせたものだが、今回は大首絵ではなく、全身像となっている。そして、人気役者を描いたものが多かった。大判（白雲母摺）は七点だけで、残りはほとんど細判《ほそばん》（縦約三十三センチ×横約十五・五センチ）だった。第一期との違いをはっきりさせることで、インパクトを出そうとしたのだろう。

第三期にあたる同年十一月から閏十一月にかけては、両月の芝居に合わせて五十八点もの役者絵が出版された。第二期と同じく人気役者を描いたものが多く、サイズは主に細判である。大首絵の役者絵もあったが、そのサイズは間判《あいばん》（縦約三十三センチ×横約二十三・五センチ）だった。

第四期にあたる翌寛政七年一月には、その月の芝居に合わせた役者絵が出版された。しかし、第三期の頃から写楽の役者絵は評価が下がっていく。第一期の作品にみられたような個性が失われていたからだ。

写楽の特徴は真に迫った描写にあった。だが、美化することなく、その役者のありのままの容姿を描いたため、描かれた役者やそのファンから反発を買う。リアル過ぎたということなのだろう。

役者やファンの意向を忖度《そんたく》したことで、写楽の作品からは個性が失われ、見る者に刺さるものではなくなる。写楽自身も創作意欲を失い、デビューからわずか十カ月で浮世絵界から消えてしまう。

こうして、写楽を売り出すことで役者絵でもマーケットを牽引《けんいん》しようとした重三郎の目論《もくろ》見《み》も、わずか十カ月で潰《つい》えたのである。

❖美人画の取り締まりが強化される

写楽が浮世絵界から退場したことで、微妙だった重三郎と歌麿の関係に変化が生まれる。重三郎の方から関係修復に動いたのだろう。

その結果、歌麿の作品を再び出版するようになる。重三郎としては、写楽を失った以上、歌麿に頼らざるを得ない。歌麿にとっても、重三郎は版元として無視できない存在であった。

ところが、寛政八年八月十四日に町奉行所は次のとおり、江戸の町に申し渡している。

寛政五年に、女性を描いた浮世絵にその名前などが書かれている場合は削り取ることになったが、絵でわかるようにしている浮世絵が売買されていると聞く。以後はモデルとなった芸者や茶屋娘の名前を書くことはもちろん、名前がわかるような絵を描くことも禁止する。ただし、遊女を描いた浮世絵はその名前を書いても構わない。

美人画にモデルの名前を書くことが禁じられたのを受け、歌麿は名前を暗示する判じ絵で対抗した。禁令を骨抜きにすることで、引き続き歌麿の美人画は話題を集めたが、幕府は判じ絵まで禁ずることで、美人画がアイドルを誕生させる流れを断ち切ろうとした。

判じ絵を封じられたことで、市井の女性（遊女は除く）を描いた美人画への関心は、急速に薄れていく。市井の娘がアイドル化する現象も終焉《しゅうえん》を迎える。

これにより、歌麿は売れ筋を失った。歌麿との関係が修復に向かっていた重三郎にとっても大きな痛手となるが、残された時間はあまりなかったのである（近藤史人『歌麿 抵抗の美人画』）。

3 志《こころざし》半ばで人生を終える

曲亭馬琴《きょくていばきん》と十返舎一九《じっぺんしゃいっく》を世に出す

二十三歳の時に、貸本業に携わるかたわら、生まれ育った吉原で書店耕書堂《こうしょどう》を開店した重三郎は、二十四歳の時には版元として出版業に乗り出した。「吉原細見《よしわらさいけん》」からはじまり、富本節の正本《しょうほん》・稽古本《けいこぼん》や往来物《おうらいもの》、黄表紙、狂歌本（絵本）、そして浮世絵とジャンルを広げた。

三十四歳の時には、江戸の出版界を牛耳《ぎゅうじ》る、書物問屋や地本問屋が数多く店を構えた日本橋《にほんばし》に進出する。創業わずか十年ほどで、江戸の地本問屋としての顔も持った。

折しも、田沼意次が幕府のトップに君臨《くんりん》する田沼時代の真っ只中《ただなか》だった。割合自由な雰囲気のもと、経済や社会が発展した時代の波に乗り、出版事業を拡大した。

異業種からの参入だったにも拘《かか》わらず、事業の拡大に成功したのには、重三郎の手腕によるところが大きかったのはもちろんである。だが、右肩上がりの時流を追い風にできたことは無視できない。その過程で多くの文化人と交流を持ち、出版に結び付けた。山東京伝などの作家や、喜多川歌麿などの浮世絵師も世に出した。

しかし、意次が失脚《しっきゃく》して田沼時代が終わると、一転、逆風に見舞われる。

社会の引き締めをはかる寛政改革の時代に入ると、出版も取り締まりが強化され、業界は冬の時代に入る。田沼時代に急成長を遂《と》げた重三郎が受けたダメージも大きかった。

四十二歳の時には、幕府の出版取締令に抵触《ていしょく》する洒落本を刊行したことで、幕府の忌諱《きい》に触れる。言論統制のターゲットとなり、版元としての責任を問われた重三郎は処罰を受けた。一罰百戒《いちばつひゃっかい》の効果を狙った幕府からの出版界に対する警告であった。

その一方で、処罰される以前から、文武奨励の時勢に乗る形で学術書の出版にも乗り出す。書物問屋の株も取得し、江戸にとどまらない、全国的な展開を見据えた出版戦略を志向していた。

浮世絵にも力を入れる。美人画は歌麿、役者絵では写楽の作品を出版することで、浮世絵界に新風を吹き込み、そのマーケットを牽引しようとした。

重三郎は時流に乗るとともに、出版取締令に抗《あらが》って経営の維持・拡大を目指した。だが、全国的な展開を見据えた出版戦略には、時間がまだまだ必要であった。浮世絵の出版も壁にぶつかる。写楽は十カ月で浮世絵界から退場し、歌麿の美人画も取り締まりが強化されたことで、以前のような売れ筋ではなくなった。

経営の悪化は避けられなかったが、それを物語るように、寛政八年頃になると狂歌絵本などの板木《はんぎ》を売却している。版権を譲渡《じょうと》したのだ。それまではなかった、既刊本のタイトルを変えて出版する事例もみられる。出版界も冬の時代に入っており、以前のような攻めの姿勢は感じられなくなる。

出版事業に暗雲が立ち込めていたが、重三郎にとっての唯一の光明《こうみょう》は、自分の店で働く若者たちの存在だったのではないか。十七歳年下の曲亭馬琴《きょくていばきん》と十五歳年下の十返舎一九《じっぺんしゃいっく》の二人である。

作家を志《こころざ》して京伝に弟子《でし》入りした馬琴は、重三郎の店で約一年四カ月ほど働く。重三郎のもとで出版のノウハウを学んだことだろう。その後、執筆生活に専念する。寛政五年より、重三郎は馬琴の黄表紙や読本《よみほん》を出版している。

重三郎の食客《しょっかく》だった一九は、錦絵《にしきえ》に用いる奉書紙《ほうしょし》に礬砂《どうさ》を引く仕事などをしていたが、その文才に重三郎は注目する。同七年から、一九の黄表紙の出版も開始した。

❖江戸のメディア王、死す

出版事業で悪戦苦闘していた重三郎は、曲亭馬琴と十返舎一九の二人が、蔦屋の出版事業の新しい柱になる時を夢見た。だが、その身体を病魔が蝕《むしば》みはじめていた。

馬琴によれば、脚気《かっけ》だったという。寛政八年の秋に病《やまい》が重くなり、月を追うごとに病状は悪化した。この年は狂歌絵本などの板木を売却した年でもあり、蔦屋の経営が悪化し、心労も溜《た》まっていたことは容易に想像できる。

翌九年（一七九七）に入っても病状は好転しなかった。バイタリティーに満ちた重三郎も病には勝てず、いよいよ最期の時を迎える。

五月六日、危篤《きとく》状態にあった重三郎は死期が迫ったのを悟った。今日の午《うま》の刻《こく》、つまり昼十二時に自分は死ぬだろうと予告する。そして、自分亡き後の蔦屋のことを様々指示した。妻とも別れの言葉を交わし、最期の時を待った。

しかし、予告した昼十二時になっても別れの時は来なかった。重三郎は笑いながら、次のように語ったという。

自分の人生は終わったが、いまだ命の終わりを告げる拍子木《ひょうしぎ》が鳴らない。おそいではないか。

（今田洋三『江戸の本屋さん』）

人生を歌舞伎の舞台に喩《たと》えたのであり、これが江戸の出版界を牽引した重三郎最後の言葉となる。その後、言葉を発することはなく、夕刻に旅立った。享年《きょうねん》四十八。

生まれ育った吉原に程近い、浅草《あさくさ》の正法寺《しょうほうじ》に重三郎は葬《ほうむ》られた。戒名《かいみょう》は「幽玄院義山日盛信士」。

現在、正法寺には、再建された蔦屋歴代の墓石と墓碑《ぼひ》が建つ。墓碑には、第一章で取り上げた石川雅望《いしかわまさもち》による「喜多川柯理墓碣名《きたがわからまるぼけつめい》」と、大田南畝による「実母顕彰《けんしょう》の碑文《ひぶん》」が刻まれている。

妻は、それから約三十年後の文政《ぶんせい》八年（一八二五）に、この世を去った。蔦屋の身代《しんだい》は番《ばん》頭《とう》を務めた勇助が継ぎ、二代目蔦屋重三郎を名乗った。

通油町《とおりあぶらちょう》に店があったのは文化九年（一八一二）までで、翌十年（一八一三）に両国横山《よこやま》町《ちょう》に移転する。その後も移転を繰り返した。

引き続き、耕書堂は地本問屋として出版事業を継続した。重三郎も五代目まで続いたが、初代ほどの事績《じせき》は知られていない。というよりも、江戸時代の出版界を見渡しても、初代重三郎の事績は空前絶後のものであった。

本書で明らかにしてきたように、重三郎は、江戸のメディア王と呼ぶにふさわしい事績の数々を残したが、それは田沼時代であったことを抜きにして語ることはできない。田沼時代が生んだ時代の寵児《ちょうじ》・蔦屋重三郎が世に出した作品の数々は、江戸の世界を知るための貴重な遺産として後世に伝えられ、今も知的な刺激を生み出し続けている。

おわりに～蔦屋重三郎と田沼意次が残したものとは何だったのか

蔦屋重三郎が出版という異業種に飛び込み、十年ほどで業界のトップにのぼりつめたことは、世襲《せしゅう》全盛の時代だったことを踏まえれば、まさに奇跡だった。

重三郎が江戸の出版界で成功した理由は、人間性とビジネス力の両面に求めることができる。才知《さいち》が非常に優《すぐ》れ、度量《どりょう》も大きく、人と接する際には信義をもって臨《のぞ》んだ人間性と、巧《たく》みな構想と優れた計画で出版界を牽引《けんいん》したビジネス力の為《な》せる業《わざ》だったのは間違いない。

さらに当時の時代背景なくしては不可能なことでもあった。小禄《しょうろく》の旗本《はたもと》から幕府のトップたる老中《ろうじゅう》へと、破格の立身出世を遂《と》げた田沼意次が幕政を握っていたことが追い風となる。

田沼時代とは、進取の気性に富む意次が従来の慣例に捉《とら》われず、自由な発想のもと、新たな事業にチャレンジすることで、諸問題を解決しようとした時代だった。重三郎はそんな時流に乗って、出版事業に果敢《かかん》にチャレンジし、業界トップにのぼりつめる。

一代でそれぞれのトップに立った二人の、直接の接点を伝えるものは何も残されていないが、自らの姿を互いに投影していたかもしれない。

意次が成り上がり者として、先祖代々の幕臣からの嫉妬《しっと》や反感を避けられなかったように、重三郎も出版界では成り上がり者であり、同じく嫉妬を買い、反感を持たれていたはずだ。だが、その人間性と類《たぐい》まれなるビジネス力で売り上げを伸ばすことで、ネガティブな空気を封じ込めてしまったのではないか。

そんな重三郎の存在を脅威《きょうい》に感じたのが、意次の失脚《しっきゃく》後、寛政改革を主導した松平定信《まつだいらさだのぶ》であった。メディアの力を評価する定信は、時の政治を風刺《ふうし》する黄表紙《きびょうし》などを出版する重三郎を危険視し、出版取締令によって処罰し、その出版事業にダメージを与える。

したたかな重三郎は巻き返しをはかるが、その成果が実る前にこの世を去る。天が重三郎に与えた時間はあまりにも短かった。

だが、世襲の時代に抗《あらが》って自分の道を切り拓《ひら》いた二人の生きざまが、後世に残したものは大きい。

実は、意次の政策の大半は、寛政改革でも受け継がれている。結局のところ、その時代の諸問題に即した対応であった以上、定信も意次と同じ施策《しさく》を取らざるを得ない。幕府のトップを世襲の身分に変えるだけで解決できるものではなかった。

かたや異業種である出版界に身を投じた重三郎は、出版事業を通じて、多くの文化人と作品を世に出した。そして江戸の文化を今に伝える貴重な文化財の数々を後世に残す。

世襲の論理が支配する社会であっても、その時流を読み取ることで、成り上がり者でも力量を発揮できることが、二人の生きざまからは見えてくる。このことが、二人が現代に残した一番の遺産であり、教訓なのである。

本書執筆にあたっては、『歴史街道』編集長・村田共哉氏に御世話になりました。末尾ながら、深く感謝いたします。

二〇二四年六月

安藤　優一郎

和暦（西暦）	年齢	事　項
天明６年（1786）	37歳	閏10／5、意次、２万石減封と謹慎を命じられる 12／15、御三家が幕閣に対し、松平定信を老中に推挙（翌年２／28、幕閣は定信の起用を拒否）
天明７年（1787）	38歳	4／15、家斉が将軍職就任 5／20、江戸で大規模な米騒動勃発 5／29、定信起用に反対する御側御用取次・横田準松罷免 6／19、定信、老中首座に就任 10／2、意次、２万7000石没収、隠居、蟄居謹慎を命じられる
天明８年（1788）	39歳	１月、朋誠堂喜三二『文武二道万石通』出版 7／24、意次死去（享年70）
寛政元年（1789）	40歳	１月、恋川春町『鸚鵡返文武二道』出版 ７月、春町死去
寛政２年（1790）	41歳	５月、町奉行所が書物問屋仲間に出版取締令を布告 10月、町奉行所が地本問屋仲間に行事を置くことを命じる
寛政３年（1791）	42歳	３月、書物問屋仲間に加入。出版取締令違反により山東京伝の洒落本『仕懸文庫』など３冊が絶版。京伝は手鎖50日、重三郎と行事２人は身上に応じた重過料の判決が町奉行所で下る
寛政４年（1792）	43歳	５月、林子平の『三国通覧図説』『海国兵談』が絶版、子平は仙台での蟄居。版元の須原屋市兵衛は過料30貫文、行事は過料10貫文の判決が町奉行所で下る
寛政５年（1793）	44歳	7／23、定信、老中退任 ８月、美人画にモデルの名前を書き入れることを禁止
寛政６年（1794）	45歳	５月、東洲斎写楽の役者絵を大量に出版（～翌年１月）
寛政７年（1795）	46歳	3／25、伊勢松坂に赴き国学者・本居宣長と対面
寛政８年（1796）	47歳	8／14、美人画に判じ絵を書き入れることを禁止 秋、脚気が重くなり病の床に就く
寛政９年（1797）	48歳	5／6、重三郎病没。浅草の菩提寺正法寺に葬られる（享年48）

蔦屋重三郎関係年表

和暦（西暦）	年齢	事　項
寛延３年（1750）	１歳	1／7、吉原で生まれる。父は丸山重助、母は広瀬津与
宝暦10年（1760）	11歳	５月、徳川家治が10代将軍となる。前将軍・家重の御側御用取次・田沼意次、引き続き家治の御側御用取次を務める
明和４年（1767）	18歳	７月、意次、側用人に昇進
明和６年（1769）	20歳	８月、意次、老中格に昇進
明和９年／安永元年（1772）	23歳	１月、意次、老中に昇格 この年、吉原大門口の五十間道で書店耕書堂を開店
安永２年（1773）	24歳	この年、吉原細見の販売を開始
安永３年（1774）	25歳	７月、遊女評判記『一目千本』（最初の出版物）を出版
安永４年（1775）	26歳	７月、「吉原細見」の出版を開始
安永６年（1777）	28歳	この年、富本節正本・稽古本を出版できる株を取得
安永９年（1780）	31歳	この年より、黄表紙、洒落本、往来物の出版を開始
天明元年（1781）	32歳	閏５月、一橋治済長男・豊千代（後の家斉）、将軍継嗣となる 12月、意次嫡男・田沼意知、奏者番に抜擢
天明３年（1783）	34歳	７月、浅間山の大噴火 9／29、西上野で上信騒動勃発 ９月、通油町の地本問屋・丸屋小兵衛の店舗と蔵を買い取り、移転。地本問屋の株も入手 11月、意知、若年寄に昇進 この年より狂歌本の出版を開始（後に狂歌絵本も出版）
天明４年（1784）	35歳	3／24、意知、江戸城中で新番・佐野善左衛門に斬られる（26日に死去）
天明６年（1786）	37歳	6／29、全国御用金令発令 8／24、御用金令、印旛沼干拓工事中止 8／25、将軍・家治死去 8／27、意次、老中辞職 9／6、御三家、家治の遺言により幕政に参与（9／7、一橋治済も幕政に参与）

参考文献

鈴木俊幸『新版 蔦屋重三郎』平凡社ライブラリー、二〇一二年
松木寛『蔦屋重三郎』講談社学術文庫、二〇〇二年
鹿島萬兵衛『江戸の夕栄〔改版〕』中公文庫、二〇〇五年
今田洋三『江戸の本屋さん』NHKブックス、一九七七年
長友千代治『近世貸本屋の研究』東京堂出版、一九八二年
内藤鳴雪『鳴雪自叙伝』岩波文庫、二〇〇二年
加藤貴編『江戸を知る事典』東京堂出版、二〇〇四年
曲亭馬琴著、徳田武校注『近世物之本江戸作者部類』岩波文庫、二〇一四年
藤田覚『田沼意次』ミネルヴァ書房、二〇〇七年
北原進『江戸の高利貸』角川ソフィア文庫、二〇一七年
竹内誠『寛政改革の研究』吉川弘文館、二〇〇九年
新井白石著、松村明校注『折たく柴の記』岩波文庫、一九九九年
大久保純一『カラー版 浮世絵』岩波新書、二〇〇八年
大田南畝著、浜田義一郎他編『大田南畝全集 第2巻』岩波書店、一九八六年
杉田玄白『後見草』（杉田玄白・平賀源内・司馬江漢著、芳賀徹責任編集『日本の名著22』中公バックス、一九八四年 所収）

深井雅海『江戸城御庭番』吉川弘文館、一九九二年
沓掛良彦『大田南畝』ミネルヴァ書房、二〇〇七年
「山東京伝一代記」（岩本活東子編『続燕石十種第二』中央公論社、一九八〇年　所収）
東大和市教育委員会『里正日誌 第３巻』東大和市教育委員会、二〇二〇年
近藤史人『歌麿 抵抗の美人画』朝日新書、二〇〇九年
大和博幸『江戸期の広域出版流通』新典社研究叢書、二〇一九年
中野三敏『写楽』中公文庫、二〇一六年
安藤優一郎『寛政改革の都市政策』校倉書房、二〇〇〇年
安藤優一郎『お殿様の定年後』日経プレミアシリーズ、二〇二一年
安藤優一郎『大江戸の娯楽裏事情』朝日新書、二〇二二年
太田記念美術館学芸部編『蔦屋重三郎と天明・寛政の浮世絵師たち』浮世絵太田記念美術館、一九八五年
『別冊太陽　蔦屋重三郎の仕事』平凡社、一九九五年
サントリー美術館編『歌麿・写楽の仕掛け人 その名は蔦屋重三郎』サントリー美術館、二〇一〇年

PHP新書

PHP INTERFACE
https://www.php.co.jp/

安藤優一郎［あんどう・ゆういちろう］

歴史家。文学博士（早稲田大学）。1965年、千葉県生まれ。早稲田大学教育学部卒業、同大学院文学研究科博士後期課程満期退学。「JR東日本・大人の休日倶楽部」など生涯学習講座の講師を務める。
主な著書に、『大江戸の娯楽裏事情 庶民も大奥も大興奮！』（朝日新書）、『徳川時代の古都』（潮新書）、『新版図解 江戸の間取り』（彩図社）、『東京・横浜 激動の幕末明治』（有隣新書）、『15の街道からよむ日本史』（日経ビジネス人文庫）、『大名屋敷「謎」の生活』（PHP文庫）などがある。

蔦屋重《じゅう》三《ざぶ》郎《ろう》と田沼時代の謎

（PHP新書 1401）

二〇二四年七月二十六日 第一版第一刷

著者――安藤優一郎
発行者――永田貴之
発行所――株式会社ＰＨＰ研究所
東京本部――〒135-8137 江東区豊洲5-6-52
ビジネス・教養出版部 ☎03-3520-9615（編集）
普及部 ☎03-3520-9630（販売）
京都本部――〒601-8411 京都市南区西九条北ノ内町11
組版――株式会社ＰＨＰエディターズ・グループ
装幀者――芦澤泰偉＋明石すみれ
印刷所
製本所――大日本印刷株式会社

ISBN978-4-569-85740-4

ＰＨＰ新書刊行にあたって

「繁栄を通じて平和と幸福を」（PEACE and HAPPINESS through PROSPERITY）の願いのもと、ＰＨＰ研究所が創設されて今年で五十周年を迎えます。その歩みは、日本人が先の戦争を乗り越え、並々ならぬ努力を続けて、今日の繁栄を築き上げてきた軌跡に重なります。

しかし、平和で豊かな生活を手にした現在、多くの日本人は、自分が何のために生きているのか、どのように生きていきたいのかを、見失いつつあるように思われます。そして、その間にも、日本国内や世界のみならず地球規模での大きな変化が日々生起し、解決すべき問題となって私たちのもとに押し寄せてきます。

このような時代に人生の確かな価値を見出し、生きる喜びに満ちあふれた社会を実現するために、いま何が求められているのでしょうか。それは、先達が培ってきた知恵を紡ぎ直すこと、その上で自分たち一人一人がおかれた現実と進むべき未来について丹念に考えていくこと以外にはありません。

その営みは、単なる知識に終わらない深い思索へ、そしてよく生きるための哲学への旅でもあります。弊所が創設五十周年を迎えましたのを機に、ＰＨＰ新書を創刊し、この新たな旅を読者と共に歩んでいきたいと思っています。多くの読者の共感と支援を心よりお願いいたします。

一九九六年十月

ＰＨＰ研究所